Die Kunst

falsche Münzen zu erkennen.

Ein Buch für alle, die damit nicht betrogen werden wollen,

also auch

für Numismatiker und Sammler von antiken und modernen Münzen;

von

G. B. Loos,

Königlich-Preußischen General-Wardein und Münzrath, Ritter des Königlich-Schwedisch-Norwegischen Wasa-Ordens, Mitgliede und Correspondenten einiger wissenschaftlichen und gemeinnützigen Vereine ꝛc.

Mit einer Kupfertafel.

Berlin, 1828.

Bei G. Reimer.

Seiner Hochgräflichen Excellenz

dem Königlich Preußischen Wirklichen Geheimen Staats-Minister und General-Lieutenant, hohem Chef des Staats-Schatzes, des Münzwesens und des Directoriums des Potsdamschen großen Militair-Waisenhauses, Ritter des Königlich Preußischen großen schwarzen Adler-Ordens, des großen rothen Adler-Ordens, des Ordens pour le Merite, des eisernen Kreuzes und anderer höchsten und hohen Orden fremder Staaten u. s. w.

Herrn Grafen von Lottum,

Seinem gnädigsten Chef,

respectvollst zugeeignet

von

dem Verfasser.

Vorrede.

Viele meinen: ein Buch ohne Vorrede sei kein rechtes Buch. Wenn man nun aber nichts weiter vorhinein zu sagen und zu erklären hat, als was in der Einleitung steht! Doch ja! Etwas bleibt mir allerdings noch zu erklären übrig und möge also als Vorrede gelten.

Ich habe dies Buch wahrlich nicht geschrieben, bloß um ein Buch zu schreiben. Dazu hätte ich mit geringerer Mühe kommen können. Meine Absicht ist: Nutzen damit zu stiften. Es kann das auch und kann sogar recht bleibenden Nutzen stiften; nur gehört dazu, daß es gelesen und gehörig gelesen werde. Ich wünsche ihm also Leser, und zwar Leser, die nicht bloß die summarische Inhaltsangabe flüchtig durchsehen, um ungefähr zu wissen, was darin steht, sondern gehörige Leser.

Berlin, im März 1828.

G. B. Loos.

Summarischer Inhalt.

Einleitung.

Erste Abtheilung.

Von echten und falschen Münzen im Allgemeinen.

Von den äußerlichen oder Fabrikmerkmalen.

Von der vorwaltenden Farbe.

Von der Farbe der abgeriebenen Stellen.

Vom Glanze der Münzen.

Von

Von dem Prägeansehen.

Von dem Gußansehen.

Von der Größe der Münzen.

Von der Schrift.

Vom Rande auf der hohen Kante der Münzen.

Von den Merkmalen durch Anfühlen.

Von dem Geruch bei Münzen.

Seite

Von dem Geschmack der Münzen.

Zweite Abtheilung.

Physische Merkmale der Unterschiede echter und falschen Münzen.

Seite

Vom absoluten Gewicht.

Vom specifischen Gewichte oder der Eigenschwere.

Von der Geschmeidigkeit und Biegsamkeit.

Vom Klange.

Vom Verhalten bei dem Glühen.

Dritte Abtheilung.

Chemische Eigenschaften als Erkennungs- und Unterscheidungsmerkmale.

Von der Probe durch den Strich.

Von der Probe auf der Kapelle.

Vierte Abtheilung.

Der practische Theil.

Berichtigungen.

Seite xı, §. 1, anstatt: Bei Betrachtung muß stehen — Bei Betrachtung.
— 17, anstatt §. 2 — §. 26.
— 51, ganz oben, anstatt: mehrere Arten — bloß Mehrere.
— 60, §. 22, anstatt: Arsenalische — Arsenikalische.
— 69, §. 12, anstatt: diesam — diesem.
— 82, anstatt: §. 1 — §. 9.
— 86, §. 13, anstatt: §. 3, S. 98 — §. 3, S. 78.
— 92, §. 25, anstatt: §. 18, S. 90 — §. 18, S. 73.
— 93, §. 26, anstatt: Metall-Oxid — Metall-Oxid.
— 95, anstatt: §. 2 — §. 29.
— 97, §. 2, anstatt: schächerer — schwächerer.
— 102, §. 5, anstatt: Naschlägen — Nachschlägen.
— 103, §. 7, anstatt: Braktret — Brakteat.
— 105, §. 12, anstatt: eine munteren — einem unteren,
— 121, §. 20, anstatt: Betügerei — Betrügerei.
— 124, §. 25, anstatt: derlgeichen — dergleichen.
— 128, §. 6, letzte Zeile, anstatt: er — sie.
— 130, §. 9, anstatt: entfernter liegender — entfernter liegenden.
— — §. 10, fehlt hinter: älter sind das Wort: findet.
— 131, §. 11, anstatt: Schrift übereinstimmig — Schrift-übereinstimmung.
— 138, §. 11, anstatt: Randversicherungen — Randverzierungen.
— 150, §. 4, letzte Zeile, anstatt: würde — wurde.
— 152, §. 7, anstatt: beschreiben — beschrieben.
— 153, §. 9, anstatt: cöllnisches — cöllnische.
— 154, §. 10, anstatt: bedienten — bediente.
— 164, §. 15, anstatt Büchsen — Büchse.
— 167, §. 18, zu Ende muß es heißen: daß die Waage einsteht.
— 189, §. 9, anstatt: und falschen — und als falschen.
— 206, §. 9, müssen die Zahlen so stehen —

$$\begin{array}{r} 13{,}714 \\ 10{,}6 \\ \hline 3{,}114 \end{array}$$

Interpunctations- und solche Fehler, die den Sinn nicht entstellen, wird der geneigte Leser selbst verbessern.

Einleitung.

§. 1.

Fast eben so lange als es echte Münzen gab, hat es auch Nachschläge und falsche Münzen gegeben. Man findet dergleichen unter den antiken Münzen eben so, wie unter denen des frühesten Mittelalters.

§. 2.

Betrachtet man die Art zu münzen, deren sich die Alten bedienten, so wird man sogar geneigt zu glauben, daß in jener Zeit die Falschmünzerei noch weit stärker betrieben worden sein müsse, als heutigen Tages. Der nämliche Bewegungsgrund war da, das Unternehmen aber weit leichter auszuführen und die Entdeckung weit weniger zu befürchten, als heute.

§. 3.

In jener Zeit war die Kunst noch nicht erfunden, die nämliche Gravirung von einem Geldpräge-Stempel auf den anderen zu übertragen, und dadurch der Gravirung aller Stempel der nämlichen Geldsorte eine vollständige Gleichheit zu geben. Es konnten also nur solche Geldstücke einander ganz genau gleichen, welche mit dem nemlichen Stempel geprägt waren; jeder neue Stempel aber glich dem anderen nur so genau, wie eine Kopie dem Urbilde zu gleichen pflegt, und es erhielten mithin auch die Gepräge die nemlichen Abweichungen vom Urbilde.

§. 4.

Man liebte auch die Abwechselung im Gepräge. Die Kurrent-Münze zugleich als Denkmünze benutzend, gab man jedem neuen Stempelpaare, theils unter Beibehaltung des nemlichen Bildnisses auf der Hauptseite, theils auch dieses wechselnd, auf der Kehrseiteein Gepräge: mit Bezug auf die bedeutende Begebenheit des Tages. Die Sammlungen antiker und Mittelalter Münzen beweisen, wie sehr mannigfaltig die Gepräge der älteren Zeit dadurch geworden sind und wie sehr selten nur zwei Münzen von völlig gleichem Gepräge gefunden werden, wenn selbst sie Aehnliches darstellen.

§. 5.

Jener Zeit war man also an völlige Verschiedenheit der Gepräge gewöhnt; eine abweichende Gravirung fiel nicht auf, und in etwas entfernteren Gegenden, wo man nicht so rasch mit dem Neuesten bekannt wurde, konnte selbst nicht einmal ein ganz abweichendes Gepräge unter den tausenderlei verschiedenen Münzen auffallen. Des abweichenden Gepräges wegen hatte der Falschmünzer daher nicht früher Entdeckung zu fürchten, als bis etwa einmal die Münze einem der Münz-Vorsteher zu Gesicht kam, der doch zuletzt, bei der großen Verschiedenheit der Münzen selbst, nicht auf den ersten Blick wissen mogte, was falsch oder echt sey. Ob z. B. der Münzvorsteher in Marseille oder Trier mit rechter Gewißheit nach dem bloßen Ansehen zu bestimmen vermogte, daß eine ihm vorgelegte Münze wirklich ein echtes Geldstück der Stadt Rom sey oder nicht, bleibt sehr die Frage!

§. 6.

Sonderbar genug ist es darum, wenn Gelehrte noch immer der Meinung sind, daß man, nach dem Vorbilde der Römer, die Kurrent-Münze zugleich als Denkmünze benutzen und bedeutende Begebenheiten dadurch verewigen solle! Das könnte gar nicht anders als wiederum zu der Mannigfaltigkeit der Geldgepräge führen, welche dem Falschmünzer die nächste Sicherheit gewährt, und würde also den Staat seines ersten und sichersten Schutzmittels gegen Falschmünzerei berauben.

§. 7.

Eine zweite Erleichterung für den Falschmünzer gab damals auch die sehr einfache Art zu prägen. Nur weniger und leicht zu beschaffender Mittel sich bedienend, lieferte sie Gepräge, welche — unrund, zipfelich, eingerissen, einander ungleich und überall unvollkommen — von dem Falschmünzer ohne Schwierigkeit und eben so gut und schlecht geliefert werden konnte, als sie von den berechtigten Münzstatten geliefert wurden *).

§. 8.

Auch das Gewicht der Münzen war nicht genau gleich, vielmehr findet man unter wohlerhaltenen An-

*) Das, und ein Theil des Folgenden steht freilich in geradem Widerspruch mit dem, was Beauvais in seiner Dissertation &c. über die Münzkunst der Römer sagt. Er nennt die Gold- und Silbermünzen dieses Reichs »d'une fabrique parfaite,« und meint deshalb, daß die Falschmünzer damals erstaunlich geschickt gewesen seyn müßten, um sie so vortrefflich nachzumachen. Er sucht auch darin eine besondere Schwierigkeit, daß man damals nicht, wie heute, nur etwas Gold und Silber zu vermischen oder eine geringe Münze aufzufinden hatte, um fertig zu sein, sondern daß man Kupferplättchen mit Platten von wirklich feinem Golde und Silber habe überlegen müssen. — Ob das, was Beauvais sagt, oder das hier Angeführte richtig ist; mögen Münzmänner und geschickte Medailleurs beurtheilen. Es muß aber jedem Unbefangenen, der auch nicht die zur vollständig scharfen Beurtheilung nöthige Sachkunde besitzt, einleuchten, daß die Verfertiger der, fürwahr vortrefflich geschnittenen, Gold und Silber plattirten, und auch vortrefflich geprägten falschen Münzen, wie sie heute mitunter vorkommen — doch etwas weniger Mühe und Schwierigkeit finden würden, wenn sie, anstatt heutiger Bayrischer oder Oesterreichscher Kronthaler, nur die, überall ungleichen, Münzen nach römischer fabrique parfaite nachzuahmen hätten.

tiken-Münzen und eben so auch unter den Münzen des Mittelalters immer viele von sehr abweichendem Gewichte, und sehr selten nur zwei ganz gleichwiegende Stücke von gleichem oder doch ähnlichem Gepräge. Der Falschmünzer hatte daher, um guten Vortheil von seinem Gewerbe zu haben, nicht einmal nöthig, sich der Wagniß des eigentlichen Falschmünzens auszusetzen, sondern konnte sich ganz füglich damit begnügen, Beischläge aus echtem Metalle zu machen, die nur nicht vollwichtig waren. In der einzelnen Ausgabe wurden sie darum doch nicht verweigert, obwohl es in größerer Zahlung üblich war, das Geld nach Gewicht, ohne Rücksicht auf die Stückzahl, zu empfangen und zu geben.

§. 9.

Das Erkennen der Falschmünzen nach dem äußeren Ansehen des Metalls endlich, würde allerdings jener Zeit leicht gewesen seyn, wo man nur feine und sehr hochhaltige Münzen ausprägte; denn man verstand damals noch nicht, dem geringen Metalle eine feine Farbe zu geben. Die Form der älteren Münzen, die klein und dick waren, kam aber hierbei dem Faschmünzer zu Statten, und machte es ihm leicht, eiserne, kupferne oder andere Metallplättchen mit feinem Golde oder Silber zu überschmelzen; ein Betrug, der, bei übrigens mangelnden Kennzeichen, nur durch Einschneiden zu entdecken war. Deshalb wollten auch die Deutschen, nach Tacitus, kein anderes Geld nehmen, als dergleichen eingeschnitten Münzen! Uebrigens war dies Einschneiden auch noc kein sicheres Merkmal; denn die Falschmünzer, klu gemacht, schoben ihr Metall-Blech auf eine Seite, s daß auf der anderen Seite das edle Metall dicker war und schnitten dann selbst ihre Fabrikate auf der brei teren echten Seite ein. So gewannen sie gerade durc das Mittel, welches Schutz gewähren sollte, einen un so sicheren Absatz ihrer, jetzt als zuverlässig betrachte ten, falschen Münzen.

Zuletzt gab das Einschneiden, weil man es, de Sicherheit wegen, endlich rund herum that, der Münz ein sternförmiges Ansehen. Dies mußte wohl gefallen schützte auch gegen das sonst unvermeidliche Einreiße der Münzen beim Prägen, und nun prägte mar sonderbar genug, sogar gleich von Hause aus einge kerbte Münzen. Dem armen Volke blieb da nicht übrig, als die Münzen zu durchbohren, um sie al echt oder falsch zu erkennen.

Wie viele alte Gepräge mag es nicht in de Sammlungen geben, die zwar echt antike oder Mittel alter-Münzen, aber doch Beischläge oder falsche Mün zen sind, und sich, als letztere, beim Durchschneiden z erkennen geben würden! Wie diese letztere doch z erkennen sind, ohne daß man nöthig hat, sie durc Einschneiden zu verderben, wird übrigens vorkommen.

§. 10.

Heut zu Tage haben es die Falschmünzer nicht mehr so leicht. Sie haben im Gegentheil mit so bedeutenden, ja sogar mit so unüberwindlichen Schwierigkeiten zu kämpfen, daß es Keinem, und überhaupt gar nicht möglich ist, den Theil der heutigen Münzen völlig unkenntlich nachzuahmen, der aus guter Münzstätte hervorgegangen und mit den Hülfsmitteln und Vorschriften geprägt ist, welche die heutige Münzkunst darbietet und möglich macht.

§. 11.

Gute Münzen heutiger Zeit haben, bei gleicher Geltung, jederzeit ein gleichartiges Gepräge. Der Typus dazu pflegt mit so großer Sorgfalt gewählt zu werden, daß, wenn auch nicht das Bildniß, doch wenigstens die Kehrseite sich lange Zeit gleich bleiben kann. Bildniß und Kehrseitenbild sind auch, auf jeder regelgerechten Münze, in jedem Stempel: Abdrücke eines Urstempels, und daher in Allem einander vollkommen gleich. Dabei sind Größe, Dicke, Farbe, Gewicht und alle Nebeneigenschaften vollkommen übereinstimmend, und endlich sind die Anstalten, welche zur Darstellung der Münzen von so gehöriger Vollkommenheit und so gehörigem äußeren Ansehen gehören, zu kostbar, als daß gewöhnliche Falschmünzer sie haben oder sich verschaffen könnten.

Es erreichen darum auch nur wenige der heutigen Falschmünzen den Grad des täuschenden Aeußeren, welcher nöthig ist, auch nur auf den Augenblick des Ausgebens den Verdacht des Aufmerksamen zu vermeiden; und höchstens findet man dies bei den Falschmünzen, welche aus großen Englischen oder anderen großen Fabriken stammen.

§. 12.

Sind nun heutigen Tages die falschen Münzen so viel leichter zu unterscheiden, als vordem, so sollte man doch auch meinen, daß dem Falschmünzer das Ausgeben und Verbreiten viel schwerer seyn; daß er auch viel häufiger ertappt werden, und daß eben deshalb das Falschmünzen selbst viel seltener werden müsse, als vordem. Das ist aber bis jetzt noch nicht zu bemerken.

Es giebt heute noch so viele Falschmünzer, als es nur vordem gegeben haben kann! An der Stelle der Ertappten finden sich immer wieder andere, und die Falschmünzen kommen so häufig vor, daß wohl selten eine etwas bedeutende Zahlung geleistet wird, die ganz frei von falschen Geldstücken sich fände.

§. 13.

Fragt man: — Wie das möglich ist? — Ganz allein durch Schuld derjenigen, welche die Falschmünzer in ihrem heillosen Gewerbe unterstützen, indem sie ihnen ihre Waare abnehmen und weiter verbreiten!!

Solcher Abnehmer giebt es leider mehr, als man glaubt; ja es dürfte sogar, so kühn die Behauptung auch scheinen mag, gar nicht zu übertrieben angenommen seyn: wenn man das Drittheil aller derer dazu rechnet, welche Geld einnehmen und Geld ausgeben.

Von den Diebsgenossen der Falschmünzer selbst ist hier nicht die Rede: welche auf Messen und Märkten umherziehen, um unter mancherlei Gestalt und Vorwand das, unmittelbar aus der Fabrik erhaltene, falsche Geld unter die Leute zu bringen.

§. 14.

Wohl aber ist von allen denen die Rede, welche falsches Geld, was sie eingenommen haben, unbekümmert weiter geben. Selten sind sie vollkommen unschuldig, und nur die Wenigen sind also zu betrachten, welche falsches Geld, mit echtem gemischt, in Beuteln und Rollen erhalten, und es eben so gepackt, wie sie es erhalten haben, also unwissend, weiter geben. Man nimmt aber dergleichen doch gewöhnlich nicht ohne zu wissen und nachweisen zu können, woher man es bekommen, und darum setzt auch gerade diese Art der Verbreitung, welche auf den ersten Blick als die gefährlichste erscheint, den Falschmünzer oder dessen Ausgeber am ersten der Entdeckung aus. Die Rückfrage ist mehrentheils leicht und sicher, und führt bald auf den ersten Geber zurück, der dann, wenn er sich auch entfernt haben sollte, der Verfolgung der Obrigkeit ausgesetzt ist und gewöhnlich bald von ihr erreicht wird.

§. 15.

Etwas weniger vorwurfsfrei ist in den mehrsten Fällen schon: der Annehmer aus Unwissenheit oder Unkenntniß. Die falschen Münzen sind gewöhnlich von so schlechtem Ansehen, daß es nur des Ansehens bedarf, um Verdacht zu schöpfen; sind sie indeß gut nachgeahmt, so mag das den Unwissenden doch entschuldigen, denn gewisse Geldsorten seltener in die Hand kommen.

§. 16.

Mehr noch und bitter zu tadeln sind dagegen diejenigen, welche oft genug Geld durch ihre Hände gehen lassen. Sie müssen dadurch das immer gleiche Bild der echten Münzen im Gedächtniß aufgefaßt haben; aber sie sind so fahrlässig, daß sie das Geld, welches sie empfangen, nicht einmal flüchtig durchsehen. Mehr wahrlich nicht, als dieser flüchtigen Aufmerksamkeit bedürfte es für sie, um niemals ein falsches Stück Geld anzunehmen. Denn das beweisen alle Wechsler. Diese Leute haben, Ausnahmen vorbehalten, ganz in der Regel keine bessere Erkennungszeichen für den ersten Anblick, als die Gewöhnung ihres Auges an die Gleichförmigkeit des Gepräges und der übrigen Münzfabrikmerkmale; sie werden aber, weil sie darauf achten, fast niemals mit falscher Münze betrogen.

§. 17.

Am straffälligsten erscheinen offenbar diejenigen, welche falsche Gepräge als solche allemal und ganz wohl erkennen; aber ganze Arten derselben, z. B. die sogenannten englisch geprägten falschen Münzen aus Weißkupfer, geradezu vorsätzlich annehmen und weiter geben. Daß sie das Vorurtheil hegen: der Falschmünzer habe diese Münzen aus eben so gutem Silber und wohl gar noch besser ausgeprägt, als der Landesherr, kann sie wohl nicht entschuldigen; denn das ist doch gar zu albern!

§. 18.

Gäben alle diese die falschen Münzen nicht weiter, sondern trügen den selbst verschuldeten Schaden und wären künftig aufmerksamer, — so dürfte die Abnehmerei aus der ersten Hand dem Falschmünzer doch nur beschränkten Nutzen bringen. Befolgten sie aber zugleich auch treulich das Gesetz: durch jedesmalige Abgabe der erhaltenen falschen Stücke an die Obrigkeit; so würden die Falschmünzer bald auch mehr in Gefahr gerathen und ihrer müßten weniger werden. Wie mancher würde sich der Umstände erinnern, unter welchen er das falsche Geld hat, und wie oft erhielte dann die Obrigkeit Gelegenheit zur Verfolgung und Ertappung des Falschmünzers. Geschähe diese Anzeige auch wirklich nur erst von dem zweiten Empfänger, wenn der erste das Geld in seiner Hand nicht erkannt und in Unkunde als Geld weiter gegeben hätte; so käme es doch dann aus dem Umlauf, die Rückfrage wäre noch leicht und die Verfolgung des Uebelthäters möglich.

§. 19.

Nichts von alle dem geschieht aber von Privatleuten, als nur in seltener Ausnahme. Der Unverständige, welcher in dem tollen Wahne lebt, daß ein Falschmünzer, eben so toll, sein falsches Geld aus echtem Metall machen und sich harter Strafe ohne Vortheil aussetzen werde, giebt das falsche Geld vorsätzlich weg, weil er es als gutes Geld betrachtet; der übrige Theil giebt, selbst wenn er es als falsch erkannt hat, dasselbe doch auch vorsätzlich weiter, weil er den Schaden nicht tragen will, und der Meinung ist, er dürfe wieder anführen, weil er angeführt worden ist. Die Anzeige zu machen fällt Keinem ein; es sey denn: daß er dadurch zu seinem Schaden zu kommen erwartet. Es ist schwer zu glauben; aber eine leichte Umfrage kann die Ueberzeugung geben: daß dies das gewöhnliche Verfahren ist; daß selbst Leute, die übrigens ganz rechtlich sind, sich nicht schämen, so zu thun, und sich dadurch zu Hehlern und Mitgenossen eines schändlichen Gewerbes zu machen, welches nur durch Verbreitung des Fabrikats bestehen kann und ohne Absatz ganz von selbst eingehen müßte.

§. 20.

In England, Frankreich u. a. O. m. hängt man die ertappten Falschmünzer und ersten Ausgeber ohne Gnade; dennoch giebt es dort nicht weniger, als an anderen Orten. Die strenge Bestrafung der That allein ist also nicht ausreichend. Besser würde man vielleicht zum Ziele kommen, wenn man zugleich auch das Weitergeben falscher Münzen überhaupt bestrafte. Härter zwar oder gelinder, nach Maßgabe des erwiesenen böseren oder minder bösen Willens; aber doch allemal und zurückgehend von dem letzten vielleicht zehnten Weitergeben bis auf den ersten, und allemal auch zugleich mit: für unterlassene Anzeige an die Obrigkeit.

§. 21.

Träte diese Strafe im mildesten Fall, und wenn nur die Weitergabe und nicht auch zugleich die wissentliche Weitergabe erwiesen wäre, auch nur mit dem Betrage des Geldstücks ein, so könnte sie schon nicht anders als von großem Erfolge seyn. Der Grund, nicht verlieren zu wollen, fiele dann weg; denn der Weitergeber verlöre auf die Art doch den Betrag, müßte immer Entdeckung fürchten, und würde dann überdem noch der großen Unannehmlichkeit und Weitläufigkeit einer Untersuchung ausgesetzt: die jeder gern mit dem mäßigen Verluste abkauft, den er, ohne Weitergabe zu tragen hat. Allerdings wird mancher wohl auch, ähnliche Weitläufigkeit zu vermeiden, das erhaltene Geldstück ohne Anzeige an sich behalten und vernichten, oder still zurückweisen, wenn es angeboten wird; aber auch dann ist schon ein Großes gewonnen; denn immer wird dann doch den Falschmünzern der Absatz erschwert, und das Gewerbe muß aufhören, oder doch viel seltener werden.

§. 22.

Daß man auch, ohne allen Unterricht, und bloß durch aufmerksame Betrachtung und Vergleichung, falsche Münzen von echten unterscheiden lernen könne, ist schon oben bemerkt, und dafür das Beispiel der darin sehr geübten Geldwechsler angeführt worden. Dergleichen Selbsteinübung ohne Unterricht kann indeß doch nicht weiter führen, als zu dem Verdachte, welcher zur Zurückweisung des angebotenen Geldes berechtigt. Zur völligen Ueberzeugung, die, unter Umständen, jedem Staatsbürger Maaßregeln gegen den Darbieter zur Pflicht macht, gehört aber mehr, gehört genaue Kenntniß. Und diese sollen die folgenden Blätter gewähren.

§. 23.

So wie etwa ein Münzsammler sein Vergnügen an Erkennung und Bestimmung einer alten zweifelhaften Münze findet; so werden auch einzelne Gebildete ein Vergnügen daran finden können, sich nach dem gegebenen Leitfaden recht gründlich in der Kunst zu unterrichten und einzuüben, falsche von echten Münzen zu unterscheiden. Sammlern wird sie nicht fehlen dürfen, wenn sie sich gegen Betrug sichern wollen, der oft mit bedeutendem Verlust verknüpft ist. Von ihnen wird sich, leichter noch dann durch die mündliche Erklärung, die Kunst unter ihre Umgebungen verbreiten, und sie wird bald zu den gewöhnlichen Kenntnissen gehören, deren man, des großen Nutzens wegen, nicht entbehren kann und will.

§. 24.

Daß die ganz untere Volksklasse sich damit befassen werde: aus diesem Buche selbst zu lernen, was daraus zu lernen ist; kann man wohl nicht erwarten. Wenn aber Landgeistliche, Schullehrer und andere, welche in dem Falle sind, unmittelbar auf diese Klasse einzuwirken, sich — wäre es auch nur zum Vergnügen — bemüheten mit der Kunst vertraut zu werden; so würde das eben so weit und noch weiter führen. Es würde sich ihnen hernach doch manche Gelegenheit darbieten, dem Landmanne u. a. m., deren Unwissenheit sie gerade am mehresten dem Betrogenwerden mit falschem Gelde aussetzt, etwas mehr Begriff vom Gelde beizubringen; sie manches Mittelchen zu lehren, was ihnen auf den Märkten zu Statten kommen kann. Wenn überhaupt nur der gebildetere Theil der Gesellschaft in der Kunst erfahrener wäre; so gewänne der übrige Theil schon dadurch: daß er nicht, wie jetzt, so gar weit zu suchen hätte, um in zweifelhaften Fällen ehrlichen Rath und Auskunft zu finden.

§. 25.

Das Buch kann also Nutzen haben, wenn es benutzt wird, und kann dies nicht bloß für den haben, der falsche Münzen selbst erkennen will; sondern auch für den, welcher berufen ist, bestimmte vorgekommene falsche Münzen öffentlich zu beschreiben, damit sie andere erkennen.

Dergleichen Beschreibungen sollen oft nur kurz seyn; aber doch deutlich und den Zweck erfüllend. Kurz und deutlich zugleich kann man, besonders bei Beschreibungen solcher Art, nur seyn, wenn der Unterrichtete und der unterrichtet seyn will, sich über gewisse Ausdrücke für bestimmte Begriffe vereinigt haben: eine Kunstsprache mit einander reden. Erreicht dies Buch seinen Zweck, d. i. bleibt es nicht ungelesen und unbenutzt, so gewährt es, in Bezug auf Münzen, das Mittel dazu; denn es dürfte wohl kaum über eine Münze etwas zu sagen seyn, wofür der Ausdruck hier fehlte und unerklärt geblieben wäre. Zwar mag es wohl seyn, daß es für Ein oder Anderes noch bessere Ausdrücke giebt; die gewählten sind aber mehrentheils schon gebräuchliche Ausdrücke, also allen, schon von selbst verständliche Bezeichnungen; und wo dies nicht seyn konnte, sind sie doch möglichst erklärt. — Es wäre deshalb auch wohl nicht unzweckmäßig, und ist auch so schon von dem Schreiber dieses in der Ausübung geschehen: wenn künftig alle Beschreiber übereinstimmend immer die nemlichen Ausdrücke für gleiche Begriffe

wählten,

wählten, und es nicht verschmähen wollten, dabei dies Buch zum Grunde zu legen, und sich darauf in Fällen zu beziehen, wo sie sonst weitläufig beschreiben müßten.

Die richtige und deutliche Beschreibung einer Münze, sey sie echt oder falsch, ist überhaupt eine, für die sichere Erkennung höchst nothwendige, Sache. Man wird es also auch wohl nicht überflüssig finden, wenn an passenden Stellen auch das berücksichtigt worden ist, was zur genauen Fabrikbestimmung einer echten Münze gehört; aber in den mehresten Beschreibungen übergangen zu werden pflegt.

§. 26.

Die Bemühung, überall deutlich und allgemein verständlich zu seyn, wird man nicht verkennen. Mitunter haben darüber Styl und Wendung gelitten, und es ist nicht überall Weitschweifigkeit vermieden worden; bei Arbeiten solcher Art ist es aber auch nicht immer leicht, sich kurz, gedrängt und doch deutlich auszudrücken. Kenner mögen dagegen beurtheilen, ob auch das hier Wesentlichere vernachlässigt; oder ob geleistet ist, was geleistet werden sollte. Sie wollen aber dabei nicht übersehen, daß die Aufgabe wirklich nicht ganz leicht zu lösen war, da nicht vielmehr als noch gar keine Vorarbeit vorhanden ist. Bauvais Dissertation*),

*) Dissertation sur la manière de discerner les medailles antiques de celles, qui sont contrefaites. Paris, 1739. 4. Die Abhandlung ist auch seinem Traité des finances et de la

Jobert *), Luce **), Pinkerton ***) sind da, wo von antiken Münzen die Rede ist, benutzt; aber die Unterscheidungszeichen-Lehre doch viel genauer behandelt, wie man finden wird. Vionet und Erdschläger, welche Lipsius in der Uebersetzung der Dissertation anführt, sind eben so wenig zu haben gewesen, als eine Abhandlung von Löscher über den Gegenstand, und eine Italienische, welche von Hirsch und Lipsius als Manuscripte angeführt werden. In Bezug auf neuere Münzen ist dem Verfasser gar nichts, hier zum Zweck taugendes, bekannt. Mancher dürfte

fausse monoie des Romains, 1740. und seiner Histoire abrégée des Empereurs romains et grecs. Paris, 1767. beigefügt, und 1791. ist sie zu Dresden von Lipsius übersetzt erschienen, unter dem Titel: des Herrn Beauvais Abhandlung: Wie man ächte alte Münzen von nachgemachten unterscheiden kann. Nebst einer Einleitung, Anmerkungen und einem Verzeichniß von dem Werth und der Seltenheit aller alten römischen Kaisermünzen.

*) Jobert Science des Medailles antiques et modernes, pour l'instruction des personnes, qui s'appliquent à les connoître. Paris, 1693. 12. Nouv. Edit. 1715. 8. Vol. II. Recus. Amst. 1717. 8. à denique Par. 1739. 8. Vol. II. Auch übersetzt unter dem Titel: Einleitung zur Medaillen- und Münzwissenschaft zum Unterricht. Leipzig, 1718. 8. m. Kpfrn.

**) Luce Nachricht von einem bemerkten besondern Betrug in den alten Münzen. In der Hamb. vermischt. Bibliothek Vol. II. Par. II. pag. 231. seq.

***) Pinkerton Essai of Medals — London, 1784. u. 1789. ohne Namen des Verfassers. Auch übersetzt von Lipsius unter dem Titel: Abhandlung von der Seltenheit, den verschiedenen Größen und der Nachahmung alter Münzen &c. Dresden, 1795. 4.

wohl die einzelnen Merkmale zu genau und weitläufig behandelt glauben; es war indeß doch nicht gut zu vermeiden, und die Anwendung, die man davon in dem praktischen Theile zuletzt gemacht findet, wird den genommenen Gang vielleicht rechtfertigen.

§. 27.

Daß endlich Manches, namentlich Metallmischungen, Verfahrungsarten u. dgl. m. nicht deutlicher gegeben worden sind, rechne man nicht der Unkunde zu.

Falsche Münzen zu erkennen und von echten Münzen zu unterscheiden, sollte gelehrt werden; weiter zu gehen aber, und wohl gar anzudeuten: wie die Falschmünzer ihre Metalle hätten besser mischen, besser gießen und prägen können, — dürfte doch wohl nicht rathsam gewesen seyn. Es giebt der Bücher genug, welche bestimmt sind, zu warnen, aber warnend auch zugleich in der Sünde unterrichten; so daß dem Leser die Wahl bleibt, ob er unterlassen oder — probiren will. Dies Buch soll man zu solchen nicht zählen.

Erste Abtheilung.

Von echten und falschen Münzen im Allgemeinen.

§. 1.

Wenn man eine Münze betrachtet, um sie nach ihren Eigenthümlichkeiten und nach demjenigen, wodurch sie sich von andern ähnlichen Münzen unterscheidet, kennen zu lernen, so wird man seine Aufmerksamkeit zuerst auf ihre äußerlichen Kennzeichen richten, als: Farbe, Größe, Gravirung u. dgl. m. Sie liegen zunächst, und es bedarf zu ihrer Auffindung und Erkennung nur der ungeschwächten äußeren Sinne, und des Stückes oder der Stücke, mit welchem oder welchen der Vergleich gemacht werden soll.

§. 2.

Näher noch die Münze kennen zu lernen, wird man demnächst auf die physischen Merkmale Rücksicht nehmen. Man wird Klang, Gewicht, Biegsamkeit u. a. m. untersuchen, und sie mit dem vergleichen, was man bei gleicher Untersuchung an den Vergleichstücken erkennt.

§. 3.

Um die Münze endlich ganz und so genau kennen zu lernen, als der Münzmann und Münzforscher sie kennen will, wird man zuletzt auch die chemischen Eigenschaften erforschen, und die Untersuchung auf Gehalt, Metallmischung und was sonst hierher gehört, richten müssen.

§. 4.

Was von Münzen überhaupt gilt, das muß nothwendig auch von falschen Münzen gelten. Bei diesen, wie bei jenen, zerfällt also die Summe aller nur möglichen Erkennungs- und Unterscheidungs-Merkmale in drei Haupt-Abtheilungen oder Ordnungen, nemlich:

I. der äußerlichen Kennzeichen, zu deren Auffindung es nur der bloßen Anwendung der Sinne bedarf. Sie heißen in der Kunstsprache der Numismatiker Fabrik-Kennzeichen, und Alles zusammen genommen „die Fabrik der Münze“;

II. der physischen Merkmale, deren Erkennung schon eine weitere Untersuchung, dabei auch wohl irgend ein Geräth, ein Werkzeug, eine Vorrichtung, und wohl gar eine gewisse Kunst-Uebung, Kunstfertigkeit bedingt; und

III. die chemischen Eigenschaften, zu deren Bestimmung allemal die Zuhülfnahme eines Theiles der wissenschaftlichen Kunst gehört, nach welcher sie benannt sind.

Der Theil der physischen Merkmale und chemischen Eigenschaften, welcher bedeutende Kunstfertigkeit und besondere Kenntniß und Ausübung der metallurgischen Chemie bedingt, ist übrigens nur für Männer vom Fach, für eigentliche Münzmänner, bei ihren Untersuchungen von Wichtigkeit. Zu bloß sicherer Erkennung und Unterscheidung bedarf es derselben nicht wesentlich, und es reichen die übrigen, leicht einzuübenden schon völlig aus.

§. 5.

Mehrere dieser Kennzeichen, Merkmale und Eigenschaften werden an allen Münzen erkannt, weil si[e] allen Metallarbeiten gemein sind; andere dagegen gehören, als besondere Eigenschaften der Metalle, au[s] welchen sie geprägt sind, jeder Art der Münzen besonders zu.

§. 6.

Es kann daher nicht anders als jede Ordnung i[n] dreifacher Anwendung vorkommen. Die äußerliche[n] Kennzeichen sowohl, als die physischen Merkmale un[d] chemischen Eigenschaften, müssen eben sowohl bei Gold münzen, als auch bei Silber- und Kupfermünzen besonders betrachtet werden: zu welchen letzteren hie[r] auch die Erzmünzen gerechnet werden, deren Hauptbestandtheil Kupfer ist.

§. 7.

Den äußerlichen oder Fabrik-Kennzeichen gebührt billig der Rang vor den übrigen; denn sie sind es, welche zunächst liegen, und oft, ja sogar in den mehresten Fällen, schon für sich allein, zur Erreichung des Hauptzweckes: Erkennung und Unterscheidung, ausreichen. Die übrigen Eigenschaften noch zu erforschen, bleibt nur dann nöthig, wenn es auf genauere Bestimmung und nicht auf bloße Erkennung und Feststellung des Thatbestandes ankömmt.

Von den äußerlichen oder Fabrik-Kennzeichen der Münzen.

§. 1.

Es giebt deren zehn allgemeine und noch drei besondere. Die allgemeinen, welche bei allen Arten von Münzen vorkommen, heißen:

1. die vorwaltende Farbe,
2. die Farbe der abgeriebenen oder abgelaufenen Stellen,
3. der Glanz,
4. das Präge-Ansehen,
5. das Guß-Ansehen,
6. die Größe,

7. die Dicke,
8. die Gravirung,
9. die Schrift,
10. der Rand auf der hohen Kante der Münze.

Jedes derselben muß in Bezug auf Goldmünzen sowohl, als Silber-, Erz- und Kupfer-Münzen, genauer betrachtet werden.

Die besonderen Kennzeichen kommen nur bei Silbermünzen als Unterscheidungs-Merkmale vor und sind:

1. das Anfühlen,
2. der Geruch,
3. der Geschmack.

Da von Münzen die Rede ist, so klingen die beiden letzteren wohl sonderbar; nichts desto weniger sind sie aber zur Erkennung der Unechtheit von Werth.

Von der vorwaltenden Farbe.

§. 1.

Die vorwaltende Farbe einer Münze ist diejenige, welche man bei ganz neuen Geprägen auf der ganzen Oberfläche gleichförmig findet. Bei Münzen, welche schon einige Zeit in Umlauf gewesen sind, pflegen die, durch diesen Umlauf abgegriffenen, höchsten Stellen der Gravirung eine veränderte Farbe zu haben. Man erkennt daher die vorwaltende Farbe an solchen nur noch auf dem Theile der Ebene, und überhaupt nur an solchen Stellen, welche gegen das Abgreifen oder Abreiben geschützt sind.

§. 2.

Bei echten Goldmünzen ist diese vorwaltende Farbe mehrentheils die goldgelbe Farbe, welche aber zunächst eine

fein goldgelbe, oder
Legirungs-Goldfarbe

ist.

Die fein goldgelbe Farbe kömmt wiederum vor, als:

rein goldgelb,
hoch dukatengoldgelb, und
lichte dukatengoldgelb.

Das Legirungs-Goldgelb zeigt sich außerdem noch als:

blaß goldgelb und
röthlich goldgelb von verschiedenen Farbe-Tönen.

Sehr geringe Goldsorten haben auch mitunter Goldröthe.

§. 3.

Die fein goldgelbe Farbe ist die ganz eigenthümliche, dem Golde ganz allein zugehörige Farbe, welche dasselbe zeigt, wenn es entweder im ganz reinen Zustande, oder doch sehr wenig mit Silber und Kupfer gemischt ist, wie es bei den Ducaten der Fall ist. Beschreiben läßt sich diese Farbe nicht; bei der Anschauung ganz feiner Münzen, oder solcher, die aus Dukatengold geprägt sind, ist es aber gar nicht möglich, den ganz eigenthümlichen Karakter, dies Leuchten in der eigenlichen Goldfarbe, zu verkennen. Sie gewährt auf den Blick die Ueberzeugung, daß Oberfläche und Inhalt von einerlei Farbe und Art seyn müssen, und wird allemal bei solchen Münzen gefunden, welche entweder aus wirklich feinem Golde geprägt sind, oder doch aus einem solchen, was nur mit wenigen Gränen Silber oder Kupfer, oder Silber und Kupfer zugleich, legirt ist.

Im letzteren Falle ändert sich auch, je nachdem der geringe Zusatz aus Kupfer oder Silber besteht, die sonst immer gleiche reine Goldfarbe in hoch oder lichte Dukatengoldfarbe.

§. 4.

Die Legirungs-Goldfarbe kann wohl auch rein-, oder hoch-, oder lichte-goldgelb seyn: weil man das durch Beitzen den mehr legirten Münzen zu geben weiß; das Leuchten des fein goldgelben kann man ihnen indeß nicht geben. Es bedarf mehr nicht, als des Vergleiches zwischen einer wirklich feinen Goldmünze, z. B. einem Florentiner Dukaten, und einer Legirten, z. B. einem Louisd'or, um dies deutlich zu erkennen. Die Erstere wird immer in ihrer angebornen Pracht leuchten; die Andere dagegen sichtbar nur in einem erborgten Prachtkleide einherstolziren.

§. 5.

Ist bei stärker legirtem Golde die Beitzung nicht stark genug geschehen, und die Legirung der Münze (der Zusatz zum Golde) besteht größtentheils in Kupfer, so wird dadurch nicht einmal die volle Goldfarbe erreicht worden seyn, sondern nur ein röthlich Goldgelb in verschiedenen Tönen, wie man es an den Pistolen bemerkt. Bei sehr geringen Goldsorten, wie etwa die Mittel-Friedrichs- und Augustd'ore, ist nicht einmal dies röthlich Goldgelb erreicht; sondern sie sehen hochrothgolden aus.

§. 6.

Besteht dagegen der Goldzusatz größtentheils in Silber, so wird das Kleid der Münze nur selten sich bis zur Farbe des lichte Goldgelben erheben und mehrentheils nur die blaßgoldgelbe Farbe seyn, welche die französischen älteren Goldmünzen mehrentheils zeigen.

§. 7.

Falsche Münzen können, wenn sie Goldüberzug haben, ebenfalls alle diese Farben vorwaltend zeigen.

Paßt also die Farbe zu dem Stücke, und sieht z. B. ein falscher Dukaten wirklich fein goldgelb aus; so hört die vorwaltende Farbe auf, als Unterscheidungs-Kennzeichen zu gelten. Ist dagegen die Farbe zwar wirklich eine echte Goldfarbe, diese aber anderen Münzarten und nicht der Art eigen, welche die falsche Münze vorstellen soll; so wird diese Abweichung zum sehr bedeutenden Kennzeichen werden. Ein Friedrichsd'or z. B., welcher im vollen Leuchten seiner Goldfarbe prangt, wird als verdächtig betrachtet werden müssen: weil er, seiner Art nach, nur Legirungs-Goldfarbe zeigen kann. Auch wird die Untersuchung dann allemal beweisen, daß die Münze falsch und mit feinen Goldplättchen überlegt (plattirt) sey. Eben so wird auch die blaßgelbe Farbe, wenn sie bei Friedrichsd'oren vorkommt, Verdacht erregen müssen, und die Probe dann bewähren, daß das Goldstück eine Silbervergoldung sey.

§. 8.

Antike Goldmünzen müssen in der Regel fein goldgelb aussehen, und es giebt davon nur wenige bekannte Ausnahmen, z. B. die Goldmünzen des Severus. Haben sie dies Ansehen nicht, und wohl gar ein legirungsgoldgelbes; so hat man Nachahmungen vorliegen, die aus geringerem Golde bestehen und gelb gebeitzt sind. Zwar kann auch die echte antike Münze diesem Beitzansehen ähnlich gemacht werden: wenn eine ungeschickte Hand sie, Behufs der Reinigung, merklich gebeitzt hat; das sieht aber doch ganz anders aus, und das Bereiben einer kleinen Kantenstelle zeigt dann gleich überzeugend die Echtheit an. Umkehren darf man aber die Sache nicht, und etwa gar annehmen wollen: daß das feine Ansehen die Echtheit verbürge. Recht oft kommen dergleichen Münzen falsch und mit Gold überschmolzen vor, und man muß weiter beobachten, ehe man sie unbedingt als echt gelten lassen kann *).

§. 9.

Leichter noch führen bei falschen Goldmünzen diejenigen Farben zum Verdachte, und geben oft für sich allein schon ein ausreichendes Merkmal der Unechtheit, welche nur allein bei falschen Münzen und niemals bei echten Goldstücken vorkommen. Diese sind

die tombakrothe Farbe,
das Korinthisch Erzgelb, und
das Messinggelb.

§. 10.

Die tombakrothe Farbe hat ihren Namen von der bekannten Metallmischung. Sie kommt bald röther, bald gelber vor, wie man an Geräthen aus dieser Metallmischung zu bemerken leichte Gelegenheit hat.

Manche Töne dieser Farbe, noch mehr aber die ähnlichen, durch Zusätze in Farbe noch täuschender gemachten, feineren Zusammensetzungen, welche man unter den Namen: kaldarisch Erz, Chrisokalch, Similor

---

*) Beauvais, Art. VII., ist zwar der Meinung, daß mit Platten überzogene Münzen allemal echt alt seyn müßten; davon ist aber kein Grund einzusehen. Es können eben so gut dergleichen auf neuen Stempeln geprägt vorkommen, als Erzmünzen: die wirklich vorhanden sind.

u. a. N. m., zu Galanterie-Waaren verarbeitet, nähern sich sehr der Farbe rother Goldlegirungen. Oft sind diese Farben so täuschend, daß man den inneren Kern einer echten Goldmünze ganz füglich als gleichfarbig betrachten kann. Eine legirte Goldmünze kommt aber niemals ungebeitzt zur Prägung; sie zeigt daher auch niemals: die Farbe ihres Kerns, gleichfarbig mit der Oberfläche, als vorwaltende Farbe. Jede Münze also, welche die Tombakfarbe als vorwaltende zeigt, ist falsch oder ein Beischlag von geringem Golde.

§. 11.

Korinthisch Erzgelb ist eine an sich selbst schöne und hohe metallgelbe Farbe; die aber das aufmerksame Auge doch gar bald von dem eigentlichen Goldgelben unterscheidet. Ein leichter Stich ins Zeisiggrüne ist es, welcher diese Farbe zu einer eigenthümlichen macht, und die Verwandtschaft des Metalls mit dem gelben Messing verräth: von welchem es eben so eine feinere, besonders bereitete Art ist, als die feineren rothgoldfarbigen Zusammensetzungen es von Tombak sind. Am schönsten kommt sie bei den antiken, aus diesem Metalle wirklich geprägten, Münzen vor, die daher auch am besten geeignet sind, den Farbe-Unterschied durch Vergleich mit echten Goldmünzen kennen zu lehren. An Gebilden und Geräthen aus echtem Korinthischen Erze bemerkt man auch, daß sie nicht immer denselben Ton hat, und zuweilen dunkler, zuweilen blässer erscheint; aber doch niemals goldgelb, sondern eher, und besonders in den blässeren Abänderungen, messinggelb. Zeigt eine seyn sollende Goldmünze diese Farbe, so ist sie unbedingt falsch.

Man hat wohl auch ein Legirungs-Verhältniß des feinen Goldes mit feinem Silber, welches einen stark grünlichen Schein giebt und darum: Grüngold genannt wird; diese Farbe ist aber doch von der des Korinthischen Erzes sehr verschieden, und Münzen von Grüngold hat man überdem auch noch niemals geprägt. Kommen also Goldmünzen von grüngoldener vorwaltender Farbe vor, so ist man bis jetzt noch berechtigt, sie eben so als falsch anzunehmen, als die mit der Farbe des Korinthischen Erzes.

§. 12.

Unter Messinggelb versteht man die ganze Farbenreihe dieses ganz bekannten Metallgemisches, welche sich, in den rötheren Abänderungen, an das lichte Tombakroth anschließt, von da aber, durch das eigentlich Messinggelbe, bis zu einer lichte grünlich gelben Farbe übergeht, die schon ganz ohne Feuer und Leben ist. Normal dafür sind die im Handel vorkommenden neuen Messingarbeiten vom feinsten Lattun an, bis herab zum bleichen schlechten Gußmessing, der nur zu den geringsten Waaren gebraucht wird. Mehr nicht, als Ansicht und flüchtiger Vergleich mit Goldmünzen gehört dazu, sich die Ueberzeugung zu verschaffen, daß, wo diese Farben sich, als vorwaltend, auf einem Gepräge zeigen, dasselbe durchaus kein Goldgepräge seyn kann.

§. 13.

Wo die letzten drei, an sich schon leicht von den Goldfarben unterscheidbaren, unechten Farben vorkommen, da pflegen sie überdem auch selten ganz klar und rein, sondern mehrentheils angelaufen vorzukommen, und sind dann für sich allein schon unfehlbare Zeichen der Unechtheit.

Weder die Einwirkung der Luft, noch der Fingerschweiß, der beim Angreifen daran haften bleibt, macht eine echte Goldmünze anlaufen. Selbst schädliche Dünste können bei denselben ein solches Anlaufen nur in geringem Grade bewirken: wenn sie zu den sehr wenigen Münzen gehören, die sehr goldarm sind. Unvergoldete falsche Münzen dagegen laufen durch bloße Einwirkung der Luft sehr bald an, und noch rascher durch das wiederholte Berühren mit den Fingern: deren Ausdünstung alle rothe und gelbe unedle Metalle gleich angreift, und ihre Farbe sowohl, als ihren Glanz zerstört.

Uebrigens muß man die Beschmutzung nicht mit dem Anlaufen verwechseln. Ein Goldstück wird wohl unscheinbar durch Beschmutzung; aber es läuft davon nicht an. Das Abbürsten mit Wasser und Seife nimmt leicht und schnell die bloße Beschmutzung weg; das Angelaufene aber bleibt und muß abgebeizt oder abgerieben werden.

§. 14.

Mitunter kommt es wohl vor, daß dergleichen falsche Münzen durch einen Goldfirniß-Ueberzug auf kurze Zeit gegen das Anlaufen und den Rost geschützt werden. Wer aber nur jemals einen Rechenpfennig von Messing gesehen hat, erkennt dies gewiß sogleich an der safrangelben Farbe, die der Firniß giebt. Es bedarf auch nur des leichten Uebertwischens mit etwas starkem Branntwein oder Weingeist, um den Lack weg und die natürliche Farbe des Metalls hervorzubringen.

§. 15.

Das nemliche, was der Ausdruck vorwaltende Farbe bei den Goldmünzen (§. 1.) bedeutet, wird damit auch bei Silbermünzen bezeichnet. Wie dort eine goldgelbe Farbe die beständig vorwaltende ist, so ist es hier aber eine silberweiße Farbe, und diese kann wiederum auch eine fein silberweiße oder eine sudweiße, durch Beitze hervorgelockte, Farbe seyn. Außerdem kommen antik-römische und Mittelalter-Münzen auch mit einer Legirungs-Silberfarbe von verschiedenen Tönen, nach Maßgabe ihres Gehalts, vor, welche die natürliche, durch Beitze nicht erhöhete, Farbe der Arten ist, die nicht aus feinem, sondern mit Kupfer versetzten, Silber geprägt sind.

§. 16.

Das fein Silberweiß ist dem feinen, oder doch nur mit wenigen Gränen Kupfer versetzten, Silber so eigenthümlich, wie dem Golde seine klare Goldfarbe. Wenn Gold auch gelb und das Silber weiß ist, so gleichen sich diese Metalle doch darin, daß sie beide im feinsten Zustande ihre metallische Farbe in allerhöchster Reinheit, ohne den entferntesten Stich in eine andere Farbe, zeigen. Auch hat das Silber, eben so wie das Gold, jenes Leuchten in der eigenthümlichen Farbe, welche die Feinheit des Metalls gleich auf den ersten Anblick darthut, und einer nicht feinen Münze durch keine Art von Beitzung gegeben werden kann.

§. 17.

Feine antike Münzen und dergleichen des Mittelalters zeigen dies Ansehen selbst durch den Schmutz, der sie oft stellenweise bedeckt, und pflegen dadurch große Vermuthung auf Echtheit zu geben. Unter den modernen Münzen findet man dasselbe, bei Denkmünzen und feinen Harzgulden, und erkennt es bald durch Vergleich derselben mit legirten Münzen: von den feineren, z. B. englischen, an, bis herab zu den geringhaltigen Scheide- und Landmünzen.

§. 18.

Können aber auch echte legirte Münzen niemals das feine Ansehen der ganz feinen Münzen erhalten, so können es falsche Münzen dagegen nicht blos erhalten, sondern haben es oft wirklich. Viele derselben sind mit Silber überschmolzen oder mit Silber plattirt; sie haben daher nicht bloß eine feine Silber-Beitzhaut, wie die echten legirten Münzen, sondern sie sind mit einer wirklichen Schaale von feinem Silber umkleidet, und sehen darum auch fein aus. Gerade dieses feine Silber-Ansehen macht sie aber dann verdächtig, weil es selten und nur dann mit dem Ansehen der echten Stücke übereinstimmt wenn es Nachahmungen feiner Münzen sind.

§. 19.

Bei Antiken und anderen Münzen, welche feinen Gehalt haben sollen, kann also das feine Ansehen nicht für sich allein als Merkmal der Echtheit dienen, und man muß sich im Gegentheil, besonders bei den Ersteren, sehr hüthen, es zu vorschnell als ein solches gelten zu lassen.

§. 20.

Haben aber antike Münzen der feinen Arten oder alte Mittelalter-Münzen dabei auch zugleich jenes ganz besondere blasse Grau, mit welchem feine Münzen nur nach langen Jahren anlaufen, so giebt dies Ansehen eine hohe Wahrscheinlichkeit mehr für die Echtheit. Kennern ist die Farbe, welche hier gemeint ist, sehr wohl bekannt; zu beschreiben ist sie aber nicht, und man kann sie nur durch öftere Ansicht von Münzen; aber auch dadurch recht bald kennen lernen. Sie nachzuahmen dürfte wohl die Kunst vergeblich versuchen, und wenn es gelänge, so würde es immer nur mit Läsion des Gepräges und der Deutlichkeit desselben geschehen können.

§. 21.

Es ist darum auch sehr zu tadeln, wenn Sammler aus Unkunde einer solchen Münze diesen Schmuck und das wichtige Kennzeichen durch Sieden und Putzen entziehen, um sie — blänker zu haben. Es nimmt dies Putzen ihr, außer der Eigenthümlichkeit, unvermeidlich einen Theil ihrer Schärfe, und ist überdem ganz überflüssig bei feinen Münzen, die gewöhnlich nicht angegriffen, sondern nur angelaufen und mit Schmutz etwa bedeckt sind.

§. 22.

Den Schmutz muß man freilich wegschaffen, aber das kann auf unschädliche Art geschehen, wenn man die folgende Vorschrift befolgt. Man benetzt die Münze mit Wasser und läßt sie über klares Kohlfeuer so heiß werden, daß das Wasser verdünstet, auch frisch aufgetragenes Wasser in Blasen verzischt. Werden sie dann schnell in Wasser abgekühlt, so löset sich das Anhaftende großentheils ab, und man kann den lose gewordenen Schmutz mit den bloßen Fingern abreiben.

Durch öftere Wiederholung des nämlichen Verfahrens bringt man es so weit, daß man mit Hülfe einer dichten Silberbürste und Wasser mit Seife die etwanigen Ueberbleibsel von Schmutz völlig wegbringen kann, ohne daß das Gepräge im Mindesten leidet *).

§. 23.

Die Sudweiße der Silbermünzen kann zwar wohl auch, bei recht geschickter und sorgfältiger Behandlung, die Weiße des feinen Silbers erreichen, so lange sie matt bleibt; nach dem Prägen nimmt sie aber allemal ihren vom feinen Ansehen abweichenden eigenthümlichen Charakter an. Die Weiße bleibt überhaupt allemal von dem Gehalte der Münze abhängig. Sehr hochhaltige Silbermünzen behalten auch nach dem Scheuern und Prägen eine hochweiße Farbe, weil das Kernmetall selbst weiß ist; sie wird aber immer mehr in's Röthliche schimmern, je nachdem der Kupferantheil in der Mischung und mithin die Röthe des Kernmetalls zunimmt. Es gehört deshalb auch gar

*) In Lipsius Uebersetzung von Beauvais Dissertation — aber nicht im Original, wenigstens nicht in den Ausgaben von 1739 und 1740, steht ein Verfahren zur Reinigung der alten Münzen, um sie von der Erdkruste zu befreien, welches sehr gefährlich ist, und sehr verderbend werden kann. Kenner — steht da — legen die rohen Münzen in's Feuer, um den dicken Rost abzunehmen! daß dabei, wenn die Münzen gemischtes Metall haben, wie z. B. Silber mit Zinn (?), das leichtflüssigere aussintert, die Münze porös wird, und ein Gußansehen erhält, wird gleich darauf gesagt. — Wie kann man einer Reinigungsart nur erwähnen, die bei dem gelungensten Verfahren der Münze Nachtheil bringt, recht oft sie aber ganz verderben muß.

nicht bedeutende Uebung dazu, um auch, selbst bei noch ganz neuen Stücken, an der Sudweiße zu erkennen, ob eine Münze zu den höherhaltigen oder zu den geringhaltigen Münzsorten gehört. Zur Ueberzeugung vergleiche man die Farben an einem neuen Thaler und einem neuen Groschen. Ein geübteres Auge kann aber darin noch mehr leisten.

§. 24.

Wie die falschen Münzen nach §. 18 das echt feine Ansehen der Silbermünzen haben können, wenn sie plattirt oder überschmolzen sind, so können sie auch das sudweiße Ansehen haben, wenn sie entweder wirklich aus Silber geringeren Gehalts gemacht sind, oder auch versilbert sind und weiß gesotten.

Bei zutreffender Art des Weißsudes hört also diese Farbe auf, als Unterscheidungsmerkmal zu dienen. Sie wird aber zum wesentlichen Merkmal, wenn sie anderen Charakter hat, als sie haben soll. Vorzugsweise erkennt man daran die Versilberungen und Weißsiedungen auf Messing und Kupfer; denn sie zeigen immer eine Silbersudweiße, die sehr von allen Arten der Sudweiße echter, nur durch Beitze weißgesottener Münzen abweicht.

§. 25.

Die Legierungs-Silberfarbe mehrerer antiken Silbermünzen und vor allen derer von Caracalla bis auf Galienus, steht vielleicht hier mit Unrecht unter den vorwaltenden Farben der Oberfläche aufgeführt. Es ist nicht unwahrscheinlich, daß man auch in jener Zeit die Münzplatten vor dem Prägen gebeizt hat, um sie zu reinigen; also müßten sie auch unvermeidlich damals eine weißere Oberfläche erhalten haben. Wirklich kommen auch mitunter dergleichen Münzen mit Spuren von Sudweiße in den tiefen Winkeln vor, die aber freilich auch Folge des späteren Reinigens durch Sud sein können. Gehört indeß hiernach auch die Farbe eigentlich zu den Farben der abgeriebenen Stellen, weil sie die des Metalls der Münze selbst ist; so ist sie doch heute zur Vorwaltenden geworden, wenn sie es auch früher nicht war, und steht darum hier mit erworbenem Rechte.

§. 26.

Die Farbe selbst ist eine rothweiße Metallfarbe, die aber, bei der geringeren Beimischung von Kupfer, welche die früheren Kaiser sich nur erlaubten, eine lichte röthlichweiße mit einem Stich in's Gelbe ist. In verschiedenen Thönen wird sie mit Abnahme des Silbergehalts immer röther, und geht zuletzt, bei den Münzen des Galienus, in ein Rothweiß mit ganz überwiegender Röthe über. Welcher Farbenthon den Münzen der einzelnen Kaiser angehört, kann man durch Vergleich mit den erkannt echten Stücken finden. Wird dann ein fremder Farbenthon an der zu untersuchenden Münze bemerkt, so muß man das als gerechten Verdachtsgrund betrachten.

§. 27.

Außer dem echten Silberweiß, dem Sudweiß und der Legirungs-Silberfarbe kommen bei falschen Silbermünzen noch vor:

Quecksilberweiß,
Zinnfarbig,
Compositionszinnfarbig,
Bleigraufarbig,
Gelblichweiß,
Röthlichweiß.

§. 28.

Quecksilberweiß erscheinen Münzen, welche, um der Oberfläche eine weiße Farbe zu geben, mit Quecksilber, Mützenpulver oder Spiegelbelegung weiß angerieben sind. Sie können, nach Wahl der Mittel, eine ziemliche Silberweiße oder auch ein mehr bläulichweißes Ansehen erhalten haben, geben aber der Münze immer ein mattes Ansehen und sind dabei schlüpfrig anzufühlen. Man erkennt dies sehr leicht und die Münze dadurch als falsch.

§. 29.

Zinnfarbe ist die bekannte Farbe, welche an jedem Zinngeräthe bemerkt wird. Es zeigt bei dem ganz reinen sogenannten englischen Zinne weniger, bei dem mit Blei versetzten oder Probezinn mehr, unbedingt aber immer vielmehr blau in seinem Ansehen als das Silber und seine Legirungen. Die Silberlegirungen ziehen sich vom Reinweißen des feinen Silbers, im Verhältniß des Kupferzusatzes, bis zum stark Röthlichweißen herab, und haben niemals einen blauen Stich in der Mischung. Dabei ist auch jedes zinnfarbige Metall mit einer Art Fettglanz vergesellschaftet, welcher auffallend wird, sobald man die Aufmerksamkeit darauf richtet und Zinngeräth mit Silber vergleicht.

Unbedingt ist die Münze falsch, welche Zinnfarbe als vorwaltend zeigt.

§. 30.

Viel näher kommt dagegen eine Münze der Silberfarbe, wenn ihre Mischung aus Zinn und den Metallen besteht, die das Compositionsmetall (Prinzmetall) nnd ähnliche Metalle mehr bilden. Man findet Geräthe, Dosen, Löffel, Knöpfe u. a. m. englischer und französischer Fabriken, aus solchen Gemischen verfertigt, in den Kaufläden, und sie werden auch nicht selten zu falschen Münzen angewendet. Diese und auch alle Zinngemische weicherer Art, haben aber insgesammt den schon angeführten Fettglanz, und sind daran augenblicklich zu erkennen. Auch verrathen sie sich gleich durch einen Geruch, der an den Fingern zurückbleibt, wenn man sie reibt, wie unter den physischen Merkmalen näher angegeben wird.

§. 31.

Das Bleigrau schließt sich der Zinnfarbe an und ist ihr auch am nächsten verwandt, da sie durch Zusätze zum Zinn entsteht, welche die Falschmünzer wählen, um den Nachgüssen etwas mehr Schärfe zu geben, als der Guß in reinem und Probezinn gewährt. Das Bleigrau kömmt darum auch vom Gräulichzinnweißen bis zur grauen Farbe des Buchdrucker Schriftzeuges vor, und pflegt gewöhnlich durch eine künstliche Beschmutzung versteckt zu sein, die der falschen Münze das Ansehen alter oder durch Zufall unscheinbar gewordener Geldstücke geben soll.

§. 32.

Gelblichweiß bis zum Gelblichgrauen pflegen die unversilberten falschen Münzen auszusehen, die aus einer Mischung gemacht sind, welche Weißmetall heißt. In manchen Abänderungen kommen sie ziemlich silberweiß vor, aber doch dem Aufmerksamen sehr unterscheidbar; gewöhnlicher indeß sind sie leichter erkennbar und immer ein sicheres Kennzeichen der Unechtheit. Sie sind gewöhnlich geprägt, und es gehören hierher die mehrsten falschen Scheidemünzen englischer Fabrik. Aber auch Münzen aus weißem Glockengute zeigen diese Farbe, nur allemal weniger täuschend, weil sie auch nur als gegossene Münzen vorkommen können.

§. 33.

Röthlichweiß zeigen sich unversilberte Münzen, wenn sie aus einer anderen Mischung des Glocken- oder Kanonengutes gemacht sind, und fallen sogleich durch diese Farbe auf, sobald sie die vorwaltende ist.

§. 34.

Die Farben der nicht plattirten und nicht versilberten falschen Münzen sind im Ganzen so wenig gemacht, das Auge des Aufmerksamen zu täuschen, daß der Falschmünzer, wie schon §. 31 bemerkt worden, sich oft genöthigt sieht, dies durch eine künstliche Beschmutzung zu verbergen, die der Münze das Ansehen des Alters geben soll. Betrachtet man aber wirklich alte und selbst in der Erde lange verborgen gelegene Münzen nur etwas genau, so kann dieser künstliche Ueberzug nicht mehr täuschen. Er hat gewöhnlich nur sehr geringe Aehnlichkeit mit dem, was Zeit und andere Umstände an der Farbe echter Münzen ändern.

§. 35.

Feine und hochhaltige Münzen laufen im langen Gebrauche und selbst in der Erde nur lichter und dunkler grau an, ohne daß das Gepräge durch dieses bloße Anlaufen verdorben wird; Mittelsilber erhält mit der Zeit, und besonders, wenn es lange in eingeschlossener nicht reiner Luft gelegen hat, eine schmutzig-graugelbe Farbe. In den geringeren Gehalten wird dieselbe mehr holzbraun, und bei den ganz geringen Gehalten geht sie bis zum schmutzigdunkeln Holzbraun über. In der Erde lange verborgen, werden die Münzen von Mittel und geringerem Silber auch angegriffen und rauh; aber dieses rauhe Ansehen ist ganz ein anderes, als das der rauhen falschen Münzen, die gewöhnlich gußrauh sind, und weiterhin beschrieben werden. Auch giebt die Erde den Münzen wohl Rost, der, nach Maaßgabe der Feine und mancher Einwirkung, grün, blau, roth und rostgelb aussehen kann; aber das läßt sich nicht nachahmen. Hat sie Feuer verändert, was hinsichtlich der Farbe bei feinen Münzen nicht statt hat, so werden sie blaugrau bis zum Dunkelgrauschwarzen angelaufen sein, und dies kann wiederum nur bei echten Silbermünzen und niemals bei falschen der Fall sein, da das Feuer auf andere Metalle ganz anders aussehende Färbungen hervorbringt.

§. 36.

Die Beobachtung dieser Farbenveränderungen durch Zeit und fremde Einwirkung ist besonders bei Antiken und alten Münzen von großem Nutzen. Oft lehrt schon das bloße Ansehen der frisch aufgefundenen, noch gar nicht gereinigten Münze erkennen, was späterhin nach dem Reinigen weniger leicht zu erkennen ist! Als Beweis dafür möge Folgendes dienen:

Man fand vor mehrerer Zeit beim Abbrechen eines Hauses in Berlin eine Menge Prager Groschen

Sie waren in einen ledernen Beutel, und dieser wieder in eine Büchse von Eisenblech gesteckt, die beide von der feuchten Erde fast zerstört worden waren. Ein Rost hatte die Münzen zu einem Klumpen verbunden; die Farbe dieses Rostes war aber ganz verschieden Die Münzen, welche die Eisenbüchse berührt hatte, fand man nach der Trennung des Klumpens zwar mehrentheils und mit Ausnahme weniger Stücke eisenrostbraun überzogen; die Stücke aus dem Innern zeigten aber da, wo der Eisenrost nicht hingedrungen war, andere und verschiedene Farben.

Einige Stücke waren gar nicht gerostet und nur grau angelaufen; andere zeigten sich matt spangrün überzogen und nicht gar sehr angegriffen; wieder andere hatten einen grünen, starkkörperlichen Rost auf der Oberfläche und waren davon bedeutend angefressen; bei einigen endlich, die sehr fest auf einander saßen, zeigte sich die Oberfläche mit kleinen sehr schönen und glänzenden, theils lazurblauen, theils schönrothen kubischen Kristallen von Kohlensaurem Kupfer überdeckt, und sie selbst waren, bis auf eine ganz dünne, sehr hochhaltig gewordene Silberplatte, deren Gepräge ganz unkenntlich geworden war, zerstört.

§. 37.

Es ist bekannt, daß die Prager Groschen bei ganz verschiedenem Gehalte von so ähnlicher Prägung vorkommen, daß man die geringhaltigen nicht ganz leicht von den älteren feinen unterscheidet, dafern sie nicht etwa abgelaufene Stellen haben; hier gab nun die verschiedene Wirkung der feuchten Erde auf dieselben, sie ganz leicht zu erkennen. Die grauen nicht angegriffenen, waren und zeigten sich in der Probe als 14 und 15löthig; die grün überflogenen, waren 11löthig; die dickgrün überzogenen gaben, an weniger angegriffenen Stellen probirt, 9löthigen Gehalt; und die sehr zerfressenen wurden, wo Theile unbelegt mit Kristallen geblieben waren, nur zu 7 Loth und geringer gefunden.

§. 38.

Oben, §. 22, ist das Verfahren angegeben worden, wie man hochhaltige Silbermünzen reinigt, ohne ihnen zu schaden; bei geringhaltigen Münzen reicht aber das nicht immer aus. Man muß sie einer vollständigen Reinigung unterwerfen, um sie von dem Roste zu befreien, der gewöhnlich die Gravirung so versteckt, daß es unmöglich wird, die Münze zu erkennen. Sud, dessen man sich gewöhnlich bedient, muß auch hierzu niemals angewendet werden, weil er matt beizt, die Münze stumpf macht und ihr Ansehen verändert. Noch viel weniger darf man das bei §. 22 erwähnte höchst schädliche Glühen unternehmen. Besser bedient man sich aber auch hier der schon angegebenen Reinigungsart mit den Abänderungen, die der folgende §. lehrt

§. 39.

Man versetzt das zum Ablösen bestimmte Wasser so lange mit Salpetersäure, bis es einen starksauren Geschmack hat, wie ein scharfer Essig, und läßt die abgelösten Münzen in diesem Wasser ein kurze Zeit — ja nicht zu lange — liegen.

Mit rundlichkörnigem, doch nicht zu feinem Sande und Wasser reibt man die Münzen dann leise zwischen den Fingern in der drehenden Bewegung, welche man wohl durch Wirbeln bezeichnet. Die Ablösung des Rostes — aber mehr nicht — soll dadurch bewirkt werden und wird auch bei nicht ganz unvorsichtigem Verfahren wirklich bewirkt, ohne der Münze auch nur entfernt zu schaden und selbst ohne alle Scheuerstriche.

Der hierzu taugliche Sand muß sorgfältig gewählt werden, denn er muß rundlich, stumpf und gleichkörnig sein. Man findet ihn am besten an den Stellen, wo der Fluß den, lange schon mitgeführten, Sand an das Ufer wirft. Durch Abschlemmen befreit man ihn vom Schmutze, und ein Sieb, welches nur Sandkörner durchfallen läßt, sondert dann die Steinchen aus. Gegrabener Sand darf niemals genommen werden, denn er pflegt gewöhnlich zu scharfkantig zu sein und bei dem Lösen auch zugleich zu scheuern, was sehr vermieden werden muß!

Die Wiederholung des ganzen Verfahrens ist in den mehrsten Fällen nöthig, denn es würde zu gewagt sein, die Münze auf einmal zu stark anzugreifen. Unter gehöriger Vorsicht angewendet, ist dies aber die einzige Art, die man zu sicherer Erreichung des Zweckes und ohne der Münze im Allermindesten zu schaden, anwenden kann.

§. 40.

Falsche Kupfermünzen der neueren Zeit gehören in Deutschland zu den Seltenheiten, und sind auch an der Farbe nicht zu unterscheiden, weil sie, wie die echten Stücke, aus Kupfer bestehen.

§. 41.

Auch falsche antike Erzmünzen werden nicht leicht durch die vorwaltende Farbe des Metalls erkannt; denn die Nachgüsse und Nachschläge sehen in dieser Hinsicht den vielerlei Metallmischungen der echten Stücke gewöhnlich sehr ähnlich. Auch das Schmutzansehen führt nicht viel weiter; denn die mannigfaltigen Gemische laufen eben so mannigfaltig an, und giebt dies also keinen sicheren Anhalt.

§. 42.

Sind dergleichen Münzen dagegen mit edlem Rost überzogen, der glasurartig darauf haftet, so kann dieser wohl allenfalls in Farbe durch einen Lack nachgeahmt werden. Dem Auge aber, welches sich an genaues Betrachten gewöhnt hat, wird dieser Betrug nicht leicht entgehen. Das Lackansehen ist im allem

Uebrigen

Uebrigen so sehr von der echten Rostglasur verschieden, daß der Verdacht leicht entsteht und die weitere Untersuchung veranlaßt, die allemal zum Ziele der Ueberzeugung führt, und an gehörigen Stellen vorkommen wird *).

Von der Farbe der abgeriebenen Stellen.

§. 1.

Es ist schon §. 1, S. 24 vorgekommen, wodurch sich dies äußere Merkmal von dem vorigen unterscheidet. Eine jede Münze muß bald, wenn sie mehrmals durch die Hand geht, an den vorragenden Stellen des Gepräges abgerieben werden. Dasselbe bewirkt späterhin das öftere Angreifen mit den Fingern, auch an allen übrigen Stellen, die nicht so gut geschützt sind, als die Räume zwischen der Schrift, in den Tiefen der Gravirung und an andern Orten mehr.

§. 2.

Besteht eine Münze aus feinem edlen Metall und verdankt also ihr feines Ansehen nicht einer Beize, so werden die durch den Umlauf entblößten Stellen in Farbe nicht abweichen. Wenn dagegen das äußere

*) Beauvais Art. I. führt als Merkmale an, daß die Paduanischen Nachahmungen immer neu und unabgelaufen aussehen oder mit falschem Firniß überzogen sind — dessen Eigenschaften weiterhin vorkommen.

feine Ansehen nur ein Kleid ist, wie es die legirten Münzen tragen, so wird die Farbe der entblößten Stellen mehr oder minder von der vorwaltenden Farbe verschieden sein. Noch bedeutender wird endlich diese Verschiedenheit werden, wenn die Natur des Metalls auch noch überdem ein Anlaufen oder eine Farbeveränderung durch den Fingerschweiß zuläßt.

§. 3.

Abhängig von der Natur des Metalls, bleiben sich diese Farben für jede denkbare Metallmischung gleich, können auch durch keine Kunst vermieden werden, und geben daher da, wo man sie bemerken kann, ein noch deutlicheres Merkmal, als die vorwaltenden Farben.

§. 4.

Unter den Goldmünzen findet man nur bei Antiken, Denkmünzen, Dukaten und einigen Mittelalter-Münzen die Farbe der abgeriebenen Stellen mit der vorwaltenden Farbe gleich oder doch, bei einigen hochgefärbten feinen Münzsorten, ganz unbedeutend abweichend.

Zeigen sich bei solchen Münzen diese Stellen bemerkbar blässer oder röther, aber doch nicht zugleich auch angelaufen, so kann man auf einen Nachschlag schließen, d. i. auf ein Nachgepräge von geringerem Golde, dergleichen unter mehreren Arten von Goldmünzen, namentlich unter den französischen Louisd'oren und holländischen älteren Dukaten mehrere Arten vorkommen. Sind dagegen die Stellen zugleich angelaufen, so ist die Münze sicher eine falsche, und das ist sie auch, wenn diese Stellen silberweiß erscheinen; denn sie geben den Beweis, daß es silberne, vergoldete Münzen sind.

§. 5.

Ausnahme von dieser Regel können unter den antiken Goldmünzen die Goldmünzen des Alex. Severus machen, die man etwa 19karäthig in Gold und mit Silber legirt gefunden hat. Haben diese von Hause aus eine Reinigungsbeize erhalten, oder sind sie später einer Beizung unterworfen, welche die vorwaltende Farbe erhöht hat, so kann die Farbe der abgeriebenen Stelle blässer sein, ohne daß sie deshalb weniger als echt zu betrachten sind.

§. 6.

Unter den antiken Münzen kommen aber gegentheils auch Goldmünzen vor, gleichviel von früherem oder späterem Ursprunge, welche an den angeriebenen Stellen dieselbe Farbe als auf den geschützten Ebenen zeigen und doch falsch sind. Sie sind entweder aus, mit feinem Gold überschmolzenen Eisen geformt und geprägt oder auch aus feinem Golde gegossen.

Hierbei hört also das Merkmal auf von Nutzen zu sein, und es müssen andere Merkmale die Erkennung herbeiführen.

Ganz eben so ist es auch, wenn moderne Münzen stark plattirt oder mit Goldplatten überlegt sind; die Farbe ihres unechten Kernes also erst nach langem Umlauf an den abgeriebenen Stellen hervorkömmt, die bis dahin mit der vorwaltenden Farbe gleich bleiben.

§. 7.

Endlich ist auch bei Nachahmungen antiker sowohl als moderner Goldmünzen die Aufmerksamkeit allemal besonders darauf zu richten, ob auch die Stellen, welche abgerieben zu sein *scheinen*, wirklich abgeriebene Stellen *sind*! Der Schlauigkeit der Falschmünzer ist ˙˙e Wichtigkeit dieses Merkmals nicht überall entgangen. Oefter kommen antike und moderne falsche Goldmünzen vor, welche entweder vorsätzlich auf Münzen geformt worden sind, die schon abegriebene Stellen hatten, und also mit der Spur derselben schon aus dem Guß kommen; oder die auch mit Stempeln geprägt sind, deren Gravirung eine Nachahmung solcher schon stumpf gewordenen Gepräge ist.

Die *gegossenen* Stücke, dieser Art sind gewöhnlich von schlechterem Golde oder gar unedlem Metall gemacht. Man erkennt sie, eine echte abgeriebene Münze daneben legend, bis man Uebung erlangt hat, an dem eigenen Glanze und an dem, von den echten Abreibestellen abweichenden Ansehen dieser Stellen; denn beides ist bei dem weiteren Verfahren, dessen hier vorsätzlich nicht weiter Erwähnung geschieht, nicht zu vermeiden. Es pflegt dabei zugleich auch die vorwaltende Farbe auf Vergoldung und Beitzung zu deuten. Der Unterschied der, unter Absicht solcher Täuschung, geprägten Münzen läßt sich schlimm beschreiben; einmal aufgefunden aber, ist er dem Auge um so leichter zu entdecken. Wirklich abgeriebene Stellen haben allemal eine stumpfe Begränzung und dadurch ein stumpferes Ansehen. Sie müssen es auch, da das Abreiben nicht auf einer Fläche geschieht, die nur glatt und gerade abschleifen könnte, sondern in Folge des Begreifens mit den Fingern und des Reibens der Münzen unter einander, wobei überdem noch die scharfen Kanten zum Theil mit weggedrückt werden. Die künstlich nachgravirten Abreibestellen geben dagegen selbst diese Stumpfheit mit einer gewissen Schärfe der Umrisse, die jede Prägung auszeichnet und das Vorsätzliche des Werks keinem Zweifel unterworfen sein läßt, sobald man es nur einmal an einer erkannt falschen Münze beobachtet hat.

§. 8.

Alle legirten Goldmünzen zeigen an den abgeriebenen Stellen entweder eine Farbe, welche blässer ist oder röther, als die vorwaltende Farbe. Die blässere Farbe ist eine Folge der Silberlegirung, und wird besonders an den englischen und älteren französischen Goldmünzen bemerkt; die röthere Farbe zeigen Friedrichsd'or, Pistolen und die mehrsten Goldmünzen überhaupt an den abgeriebenen Stellen, weil sie mehrentheils Kupfer als Zusatz enthalten. Viele, ja die mehrsten Goldmünzen sind aber nicht bloß mit Kupfer oder Silber gemischt, sondern mit einer Legirung versehen, welche aus Kupfer und Silber zugleich in ganz unbestimmtem Verhältnisse dieser beiden Metalle zu einander besteht. Natürlich kommt daher auch die Farbe der abgeriebenen Stellen nicht bloß rothgelb oder weißgelb, sondern vom Lichtgelben bis zum Rothen in allen dazwischen liegenden Farbetönen vor.

§. 9.

Haben geprägte Münzen die Abzeichen legirter Goldmünzen, sind aber dabei ihre abgeriebenen Stellen in der Farbe gar nicht von der vorwaltenden Farbe unterschieden, so werden sie allemal falsch sein. Es sind dann entweder goldplattirte Münzen oder Gepräge von solchen Stempeln, welche das Ansehen der abgeriebenen Stellen gleich mitgeben. Findet man dagegen diese Stellen bemerkbar lichter oder röther, als bei den mitvorliegenden Vergleichsstücken, dabei aber nicht bemerkbar angelaufen, so werden es Beischläge sein, und man muß die Untersuchung fortsetzen.

§. 10.

Sind bei Goldmünzen die abgeriebenen Stellen angelaufen, so müssen sie allemal falsch sein! Die mehrsten und fast alle Goldmünzen sind in Goldgehalten geprägt, welche auch ungebeizt nicht anlaufen. Einige wenige geringe Kriegsmünzen, namentlich die Mittelfriedrichsd'ore und Augustd'ore aus der Zeit des siebenjährigen Krieges, sind wohl so geringhaltig, daß die vom Sude entblößten abgeriebenen Stellen unter Umständen anlaufen können; dies ist aber doch so wenig bedeutend, daß es schon dem Angriffe des bloß festreibend angewendeten Daumens weicht. Falsche aus unedlen Metallen gemachte Münzen laufen an den entblößten Stellen viel bedeutender an. Sie zeigen eine feste Haut von dunkelholzbrauner bis zu grünlich- und schmutziglichtbrauner Farbe, die nur mit Mühe wegzuputzen ist.

§. 11.

Hat ein wissentlicher Weitergeber dieses bemerkbare Unterscheidungszeichen zu auffallend gefunden und die Münze vor dem Weitergeben geputzt, so erscheinen nun zwar die Stellen nicht mehr in angelaufenen, dagegen aber in den frischen Farben des Metalls, aus welchen sie bestehen; also auch nicht in Goldfarbe, und wiederum erkennbar! Sie sind dann messinggelb, tombakroth oder kupferroth.

§. 12.

Messinggelb, wie es §. 10, S. 29 näher beschrieben steht, wird leicht bemerklich, wenn es als abgeriebene Stelle seine Farbe neben dem echten Goldgelb der vorwaltenden Farbe zeigt, und täuscht dann um so weniger den Aufmerksamen, der daran die vergoldete falsche Münze aus Messing leicht erkennt.

§. 13.

Tombackroth ist unangelaufen kein für sich sicher entscheidendes Merkmal, weil, wie oben, §. 10, S. 29, bemerkt ist, es in manchen Mischungen den Farben echter Goldlegirungen sehr nahe kömmt. Nimmt man indeß echte Goldstücke vom Gepräge der verdächtigen Münze zum Vergleich, so schwindet gewöhnlich die Täuschung, und andere Merkmale helfen dann auch noch weiter.

§. 14.

Kupferroth unterscheidet sich allerdings wohl in seiner metallischhellrothen Farbe von allen Goldlegirungen auch für das nicht geübte Auge; blankgeprägte Stellen von geringem Umfange können indeß auch hier täuschen, und deshalb ist es sicherer, die Farbe mit den ähnlichen Stellen echter Münzen zu vergleichen, so lange man nicht sehr eingeübt ist.

§. 15.

Auch die silberweiße Farbe kömmt bei falschen Münzen als Farbe der abgeriebenen Stellen vor. Es ist die Farbe des Kernmetalls, dessen sich Falschmünzer gewöhnlich zu der gefährlichsten Art der Falschgoldmünzen bedienen. Sie bestehen aus feinem Silber, welches mit ziemlich starken Goldplatten überlegt ist;

weßhalb auch die Farbe des Kernmetalls erst nach bedeutendem Umlauf verrathend zum Vorschein kömmt; dann ist es aber zugleich auch immer daran kenntlich, daß die silberweiße Stelle nur den Mittelpunkt der weit größeren goldfarbenen abgeriebenen Stelle bildet. Auch bei bloß vergoldetem Silbergepräge kommen so gefärbte abgeriebene Stellen vor, und sind dann auch gewöhnlich mit einer zu blaßgelben vorwaltenden Farbe vergesellschaftet.

§. 16.

Es kann übrigens dies Silberweiß auch zuweilen den Münzen angerieben sein, und kömmt so auch bei echten Goldmünzen öfters vor, wenn Leute, die mit Quecksilber arbeiten, Goldstücke in der Hand gehabt haben; denn der leiseste Hauch dieses Metalls fällt, weiß machend, auf das Gold an. Um also nicht, auf daß bloße Zeichen der weißen Stellen, eine echte Münze geradehin als falsch zu verwerfen, ist es jedesmal nöthig, zu untersuchen, ob die Stellen angerieben oder abgerieben sind. Dies geschieht, indem man die Münze auf eine heiße Stelle legt. Nach sehr kurzer Zeit wird hier die nur angeriebene Stelle verschwinden oder ihre Farbe in gelb ändern; die wirklich silberweißen Abreibestellen werden aber bleiben.

§. 17.

Wie bei den feinen Goldmünzen, so zeigen auch die feinen Silbermünzen eine mit der Vorwaltenden gleiche Farbe auf den abgeriebenen Stellen. Soll also eine Münze nach ihrem Gepräge eine feine Münze bedeuten, die abgeriebenen Stellen zeigen sich aber anders gefärbt, so ist es ein Nachschlag oder eine falsche Münze. Welches von beiden, zeigen weitere Untersuchungen. Was aber §. 6 und §. 7, S. 51 bei Goldmünzen als Ausnahme angegeben worden ist, gilt auch hier Silbermünzen.

§. 18.

Die abgeriebenen Stellen der legirten Silbermünzen haben nicht, wie die Goldmünzen, eine unbestimmte Farbe, sondern eine jedem Gehalte eigenthümlich zugehörige Farbe, weil das Kernmetall immer nur aus Silber mit Kupfer versetzt, besteht. Bei den höhern Gehalten ist es ein sehr lichtes Röthlichweiß mit einer leisen Beimischung des Gelben; bei abnehmenden Gehalte wird die Röthe immer bemerkbarer; bei den geringen Gehalten wird sie bedeutend und bei ganz geringen Gehalten kleiner Scheidemünzen ist die Abweichung von der reinen Kupferröthe kaum mehr bemerkbar.

§. 19.

In weiteren Gränzen lernt auch das weniger geübte Auge diese Unterschiede und die Farben selbst bald erkennen. Der Unterschied vom Ansehen der abgeriebenen Stellen bei französischen 5 Franks, preußischen Thalern, preußischen $\frac{1}{3}$ Stücken, $\frac{1}{6}$ Stücken, $\frac{1}{12}$ Stücken,

Silbergroschen und den Pfennig-Silbermünzen fällt nach kurzem Vergleiche auf. Man lernt aber bei einiger Einübung auch diese Farben in engeren Gehaltsgränzen unterscheiden, und leichter noch, wenn man ein echtes Stück zum Vergleich nimmt; zeigt bei solchem Vergleiche die vorliegende Münze eine andere Farbe an den abgeriebenen Stellen, als das echte Vergleichsstück, oder überhaupt ein echtes Stück von ähnlichem Gehalte, so muß sie als Nachschlag verdächtig werden oder als falsche Münze, je nachdem die Abreibestellen eine Silberlegirungs- oder eine ganz fremde Farbe zeigen.

§. 20.

Gewöhnlich sind die Abreibestellen der Silbermünzen auch angelaufen, und erleichtern die Erkennung dadurch noch mehr; denn jede Legirung läuft nur in der ihr eigenthümlichen Farbe an, die immer gleich bleibt, und Thalersilber wird niemals wie $\frac{1}{6}$ Silber anlaufen, so lange dies Anlaufen bloß Folge des Umlaufs und Begreifens ist.

Schwefeldämpfe, starke Gluth u. a. m. können diese Unterschiede zwar wohl weniger bemerkbar machen; dann sieht aber auch die ganze Münze anders und enstellt aus.

Finden sich also Farbenunterschiede zwischen den angelaufenen Abreibestellen der echten Vergleichsmünzen und dem zu untersuchenden Stücke, so hat man Ursache, vorsichtig zu sein, und nach dem Reinigen wird man auch die Metallfarben ungleich finden.

§. 21.

Sind es Nachschläge, an welchen man bei diesen Vergleichen den Farbenunterschied der Abreibestellen bemerkt, so können sie Legirungssilberfarben und nur nicht die richtigen sein. Die falschen Silbermünzen haben aber auch noch mehrere eigenthümliche Farben, die sie an den Ablaufsstellen nicht verbergen können und allemal und unbedingt ihre Verräther werden. Am gewöhnlichsten kommen, wie bei den Goldmünzen, messinggelb, Tombakfarbe und kupferroth, frisch und angelaufen vor, und solche Münzen können geprägt oder gegossen sein, also mehr oder weniger täuschen. Kömmt aber, wie öfters, Zinnfarbe (§. 29, S. 40), bleigrau (§. 31, S. 42), gelblichweiß (§. 32, S. 42) oder röthlichweiß (§. 33, 43) vor, so sind die Münzen immer gegossen und die Abreibestellen werden dann auch mit der vorwaltenden Farbe gleichfarbig sein.

§. 22.

Am bemerkenswerthesten und der Aufmerksamkeit besonders werth ist das:

Arsenalische Kupfer-Farben.

Im frischen blanken Zustande, den man übrigens fast nur durch Putzen kennen lernen kann, hat dies

Metall, aus welchem die mehrsten falschen Münzen englischer Fabrik bestehen und namentlich die von daher gekommenen mancherlei falschen Scheidemünzen eine hohe Aehnlichkeit mit der Silberlegirung. Diese frische Farbe bleibt aber glücklicher Weise der Metallmischung nicht lange, und weicht vielmehr bald einem Anlauf-Ansehen, welches eigends beschrieben werden muß. Es ist nicht eine einzelne für sich aussprechbare Farbe, sondern ein Gemisch von Farben, die zusammen ein höchst widerliches, man möchte sagen giftiges Ansehen gewähren, und wenn man es an mehreren Stücken beobachtet hat, unverkennbar bleibt.

§. 23.

Kleine abgeriebene Stellen der aus diesem Metalle geprägten und gewöhnlich weißgesottenen Münzen pflegen zuerst in einem schmutzigen Gelb zu erscheinen, wie es wohl auch, aber doch in weniger unangenehmem Ton, bei abgeriebenenen Stellen von Messingmünzen vorkömmt, wenn sie angelaufen sind. Werden die Abreibestellen aber größer, so zieht sich das häßliche Gelb durch verschiedene Töne, dunkler werdend, zu einer Art holzbraun und olivengrün. Diese Farben theilen sich dann auch selbst der unangelaufenenen Fläche mit, die jetzt, in einander laufend, fleckig, gelbbraun, gelbgrün und olivengrün und durch das durchscheinende blanke Metall nur noch widriger, einem giftigen Geifer gleich erscheint.

Ueber See gekommene falsche preußische Groschen alten Gepräges aus diesem Metalle geprägt, wovon ganze Kisten voll in Hamburg schon in Beschlag genommen wurden, und die also noch gar nicht im Umlauf einen Angriff erlitten hatten, fanden sich schon — vielleicht durch Einwirkung der Seeluft befördert — mit diesen Geiserfarben überlaufen. Daher ist es auch wirklich unbegreiflich, wie die Sorglosigkeit und das Vorurtheil so weit bei den Menschen gehen konnten, sich solche Münzen in die Hand schieben zu lassen und sie für echt und nur Beischlag zu nehmen und weiter zu geben.

§. 24.

Hinsichtlich der Kupfer- und Erzmünzen findet das Merkmal der abgeriebenen Stellen keine Anwendung, als nur bei den mit festem Roste überzogenen antiken Erzmünzen, wenn sie an abgeriebenen Stellen das Metall zeigen, aus welchen sie bestehen. Es schließt sich alsdann das emailähnliche Oxid dicht an die entblößte Stelle an, und behält bis zum letzten Auslaufspunkte Glanz und Art mit dem übrigen Email gemein. Künstliche Lack-Ueberzüge dagegen zeigen in der Gegend der entblößten Stelle allemal die Spur der Wegnahme, durch ein matteres Ansehen, als Folge der weicheren Materie des Ueberzuges.

Der Glanz.

§. 1.

Der Glanz ist ein Merkmal, welches den vorigen nicht an Wichtigkeit nachsteht. Wie jene, ist es oft für sich allein ausreichend, die Unechtheit einer Münze unwidersprechlich zu beweisen; öfter noch das Mittel, den Verdacht zu erwecken und weitere Untersuchung zu veranlassen.

§. 2.

Echte Münzen der neueren Zeit und selbst die aus den unvollkommensten Münzwerkstätten zeigen, wenn sie zu den ersten Abdrücken der Stempel gehören, auf der Ebene, welche die Gravirung trägt, eine straffe Politur oder wenigstens einen Schleifglanz, als Abdruck der, entweder auf der Ebene polirten oder doch abgeschliffenen Stempel. Gehören solche Münzen zu den späteren Abdrücken der nämlichen Stempel, so findet man die Politur nicht mehr so hell, sondern bemerkt, daß sich über dieselben ein Strahlen hinzieht, welches, vom Mittelpunkt der Münze ausgehend, gleich Radien eines Kreises, geradlinig nach dem Umkreise hingeht. Je nachdem die Prägung mit den nämlichen Stempeln länger oder kürzer fortgesetzt ist, lassen diese Strahlen entweder noch die Politur durchscheinen, oder sie bilden eine excentrische Strahlenmasse, unter welcher zuletzt die ursprüngliche Politur verschwindet.

§. 3.

Diese Strahlung (die Prägestrahlen) entsteht dadurch, daß sich die Masse der Geldplatte, da wo sie von der Gravirung des Stempels festgehalten wird, durch den Druck des Stempels vom Mittelpunkte nach dem Umkreise hinausdehnt. Dabei gleitet sie schleifend, über die polirte Ebene des Stempels hin und greift ihn nach und nach in derselben Richtung so stark an, daß ein Aufpoliren der Ebene nöthig wird, um der Münzgravirung die, zur deutlichen Erkennung nothwendige, Absonderung von der Fläche wieder zu verschaffen.

§. 4.

Sind die echten Geldstücke vom ersten Gepräge und der Glanz der Ebene noch nicht durch die Prägestrahlen verändert, so unterscheidet sich dann auch die-Gravirung von der polirten Ebene durch ein angenehmes Matt, welches entweder bloß Folge der Feuereinwirkung beim Härten ist, oder auch wohl künstlich erhöht wird. Aber auch dieses nimmt mit der Politur ab; denn wenn gleich das Metall der Geldplatten während der Prägung von der Gravirung fester gehalten wird, als von der platten Grundebene, so hat doch immer die Wirkung der excentrischen Ausdehnung auch an diesen Stellen statt. Sie wirkt hier weniger mächtig zwar, aber immer noch mächtig genug, und ein, derselben Richtung folgendes Schillern tritt

dadurch

dadurch an die Stelle der Matte auf der Gravirung. Bei fortgesetztem Prägegeschäfte nimmt dies Schillern immer mehr zu und die Gravirung erhält ein ganz eigenthümliches Ansehen, welches bei unbeschmutzten Münzen leicht zu beobachten ist, aber kaum zu beschreiben sein dürfte.

§. 5.

Man hielt es sonst und hält es auch wohl noch für ein Erforderniß bei den älteren holländischen Dukaten, daß sie, als Beweis der Echtheit und des feinen Goldgehalts sich leicht biegen lassen sollen. Dies Vorurtheil geht sogar so weit, daß man andere Dukaten, ja selbst solche von noch etwas höherem Gehalte und weit gleicherem Gewichte, also unbedingt bessere Dukaten (z. B. Kremnitzer) für schlechter hält, weil sie weniger leicht zu biegen sind. Dem zu Liebe wurden sonst die Dukaten nach dem Prägen geglüht. Dadurch nahm man ihnen allerdings die Festigkeit und Elastizität, welche der Prägestoß ihnen gegeben hatte, und machte sie leicht biegsam; aber sie verloren auch durch eben dies Mittel ein wesentliches Kennzeichen der Echtheit. Der Prägeglanz der Ebene ging zugleich mit der Prägehärte verloren, und sie erhielten durch Einwirkung des Glutfeuers auf Gravirung und Ebene ein gleichförmig mattes Ansehen, willkommen dem Fälscher, der nun um so weniger Anstand fand, das Gewicht durch Auflösungen zu vermindern. Bei solchen Münzen, welche gehörigen Prägeglanz haben müssen, ist dies feine Mittelchen nicht anzubringen, denn die Auflösung macht die Ebene und das Gepräge gleichförmig matt und der Prägeglanz geht verloren.

§. 6.

Diese und einige andere ähnlich behandelte Dukaten machen also eine Ausnahme von dem, was §. 2 bis 4 gesagt ist, und außerdem auch die Mittelalter- und Antiken-Münzen. Beide letztere Münzarten sind mit rohen Stempeln geprägt, die, wenn auch vielleicht vor dem Härten glatt gemacht, doch nicht nach dem Härten blank geschliffen oder polirt sind. Daher haben sie auch auf der Ebene immer dieselbe Matte wie auf der Gravirung, und man findet selbst nicht selten auf wohl erhaltenen Mittelalter-Münzen die Spur der Feile, mit welcher allein die Fläche vor dem Härten geebnet worden ist. Bei solchen Münzen bleiben also die Prägestrahlen, die auch bei ihnen vorkommen müssen, das einzige vom Glanze hergenommene Haupterkennungsmittel der wirklichen Prägung.

§. 7.

Doch kann auch die Politur selbst und die Art ihres Mangels oder Daseins Verdacht geben. Bei Mittelalter-Münzen, z. B. findet man bis auf die Zeit der Brakteaten nur Gepräge auf ganz rohen Stempeln, mit öfters noch bemerkbarem Feilstrich; ihnen folgen Gepräge auf Stempeln, die vor dem Härten geschliffen sind, also in gleicher Matte mit der Gravirung. Nur erst Münzen mit römischer Schrift lassen bemerken, daß sie auf blankgeschliffenen Stempeln geprägt sind, und mit dem Wiederaufkommen der geprägten Denkmünzen traten erst polirte Stempel ein. Ein Brackteat ,eine askanische Münze oder eine polnische aus der Boleslaen-Zeit, und dergleichen mehr, mit polirten Stempeln gegrägt, müssen also Verdacht erwecken.

§. 8.

Vergleicht man, mit Berücksichtigung dieses Merkmals, die falschen

Goldmünzen

mit den echten, so können es nur wirklich geprägte falsche Münzen sein, welche dasselbe den echten gleich erkennen lassen. Wenn dann vorwaltende Farben und abgeriebene Stellen ebenfalls so korrespondiren, wie es bei plattirten Nachahmungen feiner Münzsorten der Fall sein kann, so werden weitere Untersuchungen zur Bestimmung der Unechtheit eintreten müssen.

§. 9.

Gewöhnlich giebt indeß der Glanz ein bemerkbares Unterscheidungszeichen und zwar, zunächst dnrch völligen Abgang desselben.

Vergoldete Münzen, bei welchen man sich, nach gemachtem Versuche, nicht getraut hat, den Glanz durch mechanische Mittel zu geben, die sehr leicht erkennbar sind, zeigen diesen völligen Abgang an Glanz. Sie sollen dadurch das Ansehen der geglühten Dukaten oder solcher Goldmünzen überhaupt erhalten, die im Feuer gelegen haben; aber die weiche gleichförmige Matte, welche die Vergoldung nach dem Abrauchen des Quecksilbers und dem nothwendigen Kochen erhält, ist sehr weit von dem Ansehen des geglühten Dukaten verschieden! Dieser behält immer doch noch einige Spur der Prägung, die der matt vergoldeten Münze ganz und sehr bemerkbar abgeht.

Noch verschiedener ist das Ansehen von dem der legirten Goldmünzen, welche immer, selbst in Farbe, wenn sie kupferhaltig sind, durch das Feuer ganz anders und abweichend verändert werden!

Nur in dem einzigen Falle kann dies Ansehen auch einer echten Münze gegeben worden sein, wenn man sie etwa, um sie zu reinigen, nach dem Glühen sehr stark gebeizt hat. Wenn solche Stücke vorkommen — und die Unkunde versündigt sich leider nur gar zu häufig auf solche Art an alten Münzen; — so werden sie freilich, wie falsche, den Verdacht erwecken müssen.

§. 10.

Diese Vergoldungsmatte zu vermeiden, pflegen die Falschmünzer ihre falschen Goldstücke zu scheuern, mit einer sauberen Kratzbürste blank zu kratzen oder ihnen sonst durch ein Putzmittel den auffallenden Mangel des Glanzes zu benehmen. Das führt indeß nicht weiter! Der schillernde Glanz, welcher dadurch entsteht und leicht durch ähnlichen Versuch kennen gelernt wird, ist nun wiederum kein Prägeglanz. Nur der sehr flüchtigen Vergleichung bedarf man, um die glänzende oder strahlige Ebene mit mattem oder matt schillerndem Bilde der echten Münze von dem Scheuerglanze zu unterscheiden, welcher bei gescheuerten Münzen auf Bild und Ebene gleich vertheilt ist. Hat eine ungeschickte Hand einer Mittelalter- oder alten Münze dies verderbliche Ansehen gegeben, um sie zu reinigen, so kann das wohl auch leicht irre führen, und berechtigt darum zu Verdacht und Weiterprüfung, die dann schon zum Ziele führt.

§. 11.

Beides wollen andere Falschmünzer vermeiden, und geben der Ebene ihrer Münzen eine Art Politur, welche durch Bereiben derselben mit einem polirten Geräthe, aus Stahl, Blutstein, Feuerstein u. a. m. hergestellt wird. Diese Art zu poliren, durch welche man dem Gold- und Silbergeräthe aus legirtem Metalle den Glanz giebt, heißt Gnibbeln und daher die Politur auch Gnibbelpolitur oder Gnibbelglanz.

§. 12.

Der Gnibbelglanz ist aber noch leichter zu erkennen, als der Scheuerglanz. Es ist bei diesam Verfahren gar nicht zu vermeiden, daß die Politur ribbig wird, die Gravirung verdrückt und jede von Gravirung oder Schrift geschützte Stelle, die der Polirstahl oder Stein nicht berühren kann, doch matt bleibt.

Dies ribbige Ansehen kann jeder leicht kennen lernen, wenn er sich bei einem Silberarbeiter ein auf erwähnte Art polirtes Geräth zeigen läßt. Es muß ihm dann um so mehr bei einer Münze auffallen, weil hier wegen des kleinen Raumes nicht einmal die Politur in der sonst möglichen Vollkommenheit gegeben werden kann. Sie muß hier immer viel strichiger und nach allen Richtungen gestreift erscheinen; weil der Polirstahl sonst gar nicht in die Winkel der Gravirung reichen würde, in die er ohnehin nicht überall reichen kann.

§. 13.

Dabei kann auch die Gravirung niemals gehörig scharf sich von der Ebene absetzen; denn es bleiben dem Polirer platterdings nur die beiden Wege: entweder mit der Politur von der Gravirung abzubleiben und also rund umher sowohl, als in den Winkeln das matte Ansehen zu lassen; oder die Umrisse zu berühren und — zu verderben. Wollte er gar in die kleinen Zwischenräume der Schrift dringen, so müßte er diese ganz verdrücken. Darum sind diese auch immer matt. In allen Fällen erhält die Münze ein so ungeschicktes, verdorbenes Ansehen, daß der nur einigermaaßen Geübte schon beim Anblick in der Ferne und ohne sie noch erst in die Hand zu nehmen, Verdacht gewinnen muß! Toll ist es daher, wenn man echte, oft sehr seltene Münzen so von der Unkunde verdorben sieht — und doch sieht man es!

§. 14.

Bei falschen gegossenen antiken Goldmünzen findet man auch öfters die erste Methode der Mattvergoldung mit der letzten der Gnibbelpolitur so verbunden, daß allerdings ein Neuling recht gut dadurch getäuscht wird, und die Täuschung ist um so größer, wenn die Masse der Münze nicht Gold ist. Es wird nämlich die gegossene Münze sehr schön vergoldet und nur auf den höchsten Stellen mittels des Polirstahls mit geschickter Hand glänzend gerieben, um, wie schon angeführt worden, dadurch abgeriebene Stellen nachzuahmen. Fein Gold wird im Allgemeinen dazu nicht mit so vielem Glücke gebraucht. Es fällt nicht so scharf im Guße aus, wird an den begnibbelten Stellen auch zu leicht streifig und verdrückt, und ist also leichter als Guß zu erkennen. Man hat aber Metallmischungen, welche viel bessere und schärfere Güsse geben, dabei auch gewichtig auf die Hand fallen, bedeutende Härte besitzen, und daher durch den Stahl an den erhobenen Stellen nur eine kaum merkbare Streifung der Politur erleiden. Man muß also bei den alten Münzen besonders genau die Art des Matten beobachten, um nicht die Matte der Beitze mit der echten zu verwechseln; hat man dann nur erst

Verdacht, so ist die Entdeckung leicht durch die übrigen Merkmale erreicht.

§. 15.

Falsche Silbermünzen können, wenn sie plattirt und geprägt sind, eben so wie die falschen Goldmünzen den richtigen Prägeglanz zeigen und eben so findet man auch alle die Abweichungen vom echten Glanze bei den Silbermünzen ganz so, wie bei den Goldmünzen; außerdem aber kömmt noch als ihnen eigenthümlich zugehörend hinzu: der Zinn- oder Fettglanz und der Quecksilberglanz.

§. 16.

Das Zinn hat an sich schon einen ganz eigenen Glanz, welcher durch ein gewisses fettiges Ansehen sich von jedem anderen Metallglanze unterscheidet. Dieser Glanz kann dem Metalle selbst aber so wenig als den Metallmischungen genommen werden, in welchen das Zinn einen bedeutenden oder gar vorwaltenden Bestandtheil ausmacht. Jedermann kennt diesen Zinnglanz, und bemerkbarer tritt er noch in seinem fettigen Wesen hervor, wenn man mit dem Finger über das blanke Metall hinfährt.

Echte Münzen — mit Ausnahme einiger aus Zinn geschlagenen alten und Nothmünzen — zeigen diesen Glanz niemals, und allemal kann man also annehmen, daß eine Münze, welche ihn zeigt, aus einem Zinngemische bestehe, oder doch mit Zinn weiß gesotten sei.

§. 17.

Quecksilberglanz ist in seiner Frische ein sehr hellleuchtender Glanz, wird der falschen Münze öfters durch Aufreiben gegeben und ertheilt ihr denn auch wohl zugleich eine helle Silberweiße. Frisch aufgerieben verräth sich dieses Verfahren unfehlbar eben durch den hellen Glanz und das sehr glatte Wesen, welche über die ganze Münze, Gravirung, Ebene, Schrift und Rand gleichförmig verbreitet sind. Nach sehr kurzer Zeit verbindet sich aber schon das aufgeriebene Quecksilber mit dem Metall der Münze, schlägt ein, wie man das ausdrückt, und giebt dann der ganzen Münze ein, wiederum überall gleichförmiges, mattes Ansehen und eine röthlich-, gelblich- oder auch bläulich-weiße Farbe, nach der Natur des Metalls, aus welchem die Münze besteht.

§. 18.

Bei antiken Kupfer- und Erzmünzen ist das Merkmal des Glanzes von Wichtigkeit, sobald sie entweder in dem schönen, Türkis ähnlichen, Email (vernis) prangen, oder doch mit der natürlichen rothen oder braunen Bronze versehen sind, welche sie noch öfter haben.

Beides, den Vernis und die natürliche Bronze findet man nachgeahmt.

Die Nachahmung des schönen blaugrünen natürlichen Emails, welches man Vernis nennt, geschieht durch Lackirung und kann in Farbe täuschend sein. Das echte Email hat aber einen wirklichen Emailglanz, und gleicht einem wirklichen Türkis; wogegen der Lack allemal Fettglanz als Eigenthümlichkeit zeigen muß.

Hat man an dieser wesentlichen Eigenthümlichkeit erst den Verdacht geknüpft, so ist die Bestätigung dann leicht: wie weiterhin vorkommen wird.

Von den Bronzefarben kann man einige nachahmen, der Natur ähnlich auf neue Münzen bringen, wie das die neueren Bronze-Medaillen und Bronze-Arbeiten beweisen; aber doch nur wenige Arten, und selbst diese werden auf nachgemachten neuen Münzen immer ein neueres Ansehen haben. Wenige kennen auch diese Methode genau, und mehrentheils ist die Nachahmung der alten Bronze ebenfalls durch Lakirung bewirkt, die einen Fettglanz giebt, wenn dagegen echte Bronze allemal einen halbmetallischen Glanz zeigt.

Man darf daher nur auf die Natur des Glanzes bei diesen Münzen achten, um immer den Verdacht zu schöpfen, der nöthig ist, um sich zu weiterer Untersuchung veranlaßt zu finden.

Das Präge-Ansehen.

§. 1.

Das Präge-Ansehen ist ein um so bedeutenderes und wichtigeres Unterscheidungsmerkmal, als da, wo es fehlt, weiter gar kein Merkzeichen mehr nöthig ist, um die Münze ganz unbedingt als falsch zu verwerfen. Nur wo es nöthig ist, den Beweis der Unechtheit unwidersprechlich zu führen, oder wo das Präge-Ansehen wirklich da, die Münze aber doch verdächtig ist, wird noch weitere Untersuchung nöthig.

§. 2.

Es können die Stempel zu echten Münzen, wie auch nicht selten, von schlechter Gravirung sein. Es kann die Politur ganz vernachläßigt oder von den Prägestrahlen (§. 2, 3, 4, S. 63. 64) gänzlich verdrängt sein. Die Prägung kann auch auf unzureichenden Maschienen geschehen sein, wie sie die Vorfahren brauchten, oder wohl gar nach Art der Alten durch Aufsetzen eines Handstempels und wiederholte Schläge mit dem Hammmer!

Immer wird doch die geprägte Münze das Ansehen der Festigkeit haben, welches der Ausdruck „Präge-Ansehen" bezeichen soll.

An gegossenen Münzen kann dies Ansehen niemals bemerkt werden, und wären sie auch noch so fleißig und sorgfältig überarbeitet.

§. 3.

Nur die Prägung allein kann es geben. Bei einem gar nicht zu verkennenden Ansehen von Dichtigkeit der Münzfläche und ganzen Münze überhaupt, stellt diese die Gravirung selbst immer scharf und straff dar, und in ganz bestimmten Umrissen von der reinen Ebene abgesondert. Diese Eigenschaften und dies Ansehen bleiben auch immer sich gleich, wenn selbst die Prägung nicht in vollständiger Kraft zur Vollendung derselben geschehen, oder wenn ein Doppelschlag (ein doppeltes verdrücktes Gepräge) vorgekommen, oder wenn die Platte unganz und löcherich und an sich nicht dicht gewesen ist. Immer und unter allen Umständen bleibt der geprägten Münze dies Zeichen der Kraft, mit welcher sie zur Münze geschlagen ist; niemals kann sie ein anderes als das wahre echte Präge-Ansehen haben, und es kann ihr auch dies Merkmal kaum anders als durch fast gänzliche Entstellung genommen werden.

§. 4.

Aufzufinden ist es leicht, da jede echte Münze dazu Gelegenheit giebt, und auch recht leicht vom Gußansehen zu unterscheiden, wenn man sich einmal mit den Merkzeichen des letzteren Ansehens, nach dem folgenden, bekannt gemacht hat. Man muß sich aber ja hüten, aus dem vorhandenen Präge-Ansehen allein auf Echtheit schließen zu wollen. Schon mehrmals ist erwähnt, daß es auch geprägte falsche Münzen giebt; diese können daher dies Merkmal allerdings auch zeigen, und bedürfen sehr der weiteren Untersuchung.

Münzen dagegen, die es nicht zeigen, sind unbedingt gegossene Münzen, und beurkunden ihre Unechtheit dann immer auch noch durch irgend eines oder auch mehrere der nachfolgenden Merkmale des Guß-Ansehens. Doch giebt es unter den Antiken auch echte gegossene Münzen.

Das Guß-Ansehen.

§. 1.

Das Guß-Ansehen einer Münze bedingt:

Stumpf abgesetzte Umrisse,
Körnige Oberfläche,
Schwindstellen,
Gußbläschen,
Stumpfe Ränder.

§. 2.

Unter den Metallen, welche entweder an sich selbst eine gelbe oder rothe Farbe haben, oder doch Vergoldung annehmen, und darum nur allein zur Nachahmung der Goldmünzen angewendet werden können, giebt es auch nicht eine einzige bis jetzt gekannte oder vorgekommene Mischung, welche im Gusse so scharf ausfiele, daß die Umrisse gehörig rein von der Ebene gesondert daständen. Immer und unter allen Umständen widerstrebt dieser höchsten Reinheit des Gusses die Natur der Formmittel sowohl, als die Eigenschaft aller gelben Metalle: zu schwinden.

§. 3.

Unter den Mitteln, deren man sich zu Formen der Metallgüsse überhaupt bedient, giebt es allerdings einige, welche sehr scharfe Formen geben. So scharfe Formen geben sie aber doch nicht, daß sie selbst Glanz und Matt der Münze zeigten, geschweige dem Abgusse, wenn auch nur in dünnflüssigen weißen Metallen, wiedergäben. Gilt es gar, Abgüsse in den viel heißflüssigeren gelben Metallen zu geben, so sind alle die Arten von Formmitteln (Formsand), die hierzu Festigkeit genug geben, viel zu wenig fein, um in der Form selbst die volle Schärfe des Gepräges anzunehmen.

Gesetzt indeß, daß doch Jemanden ein Formmittel bekannt wäre, welches wirklich bis zur Annahme der Politur scharf formte, und dabei auch dem heißen Metalle hinlänglich Widerstand zu leisten ganz geeignet wäre; so würde das doch nicht weiter führen; denn das Metall schwindet.

§. 4.

Dies Schwinden ist die Eigenschaft der flüssigen Metalle, nach welcher sie, vorher im flüssigen Zustande durch Schmelzen ungewöhnlich ausgedehnt, bei dem Erkalten sich in sich selbst zusammenziehen und den geringeren Raum einnehmen, den sie als feste Metalle gegen den flüssigen Zustand nur nöthig haben. Füllt also das Metall auch, wenn es vollkommen flüssig ist, den kleinsten Raum der, als ganz scharf angenommenen, Form aus, und wäre also hiernach auch ein eben so scharfer Abguß zu erwarten; so tritt es doch beim Erkalten in sich selbst zurück. Mit diesem Zurückweichen treten nun auch alle Umrisse zurück, und ist es also ganz begreiflich, daß, wenn sie auch scharf ausgeflossen waren, sie doch erkaltend um so viel stumpfer werden müssen, als das Zurückweichen von den Formwänden beträgt.

§. 5.

Je mehr Hitze das Metall zum Klarfließen bedarf, desto mehr muß es sich ausdehnen, und um so mehr muß es sich dann auch wieder beim Erkalten zusammenziehen. Das Schwinden und das damit verbundene stumpfe Ansehen der Abgüsse steht also im Verhältniß mit der Schwerflüssigkeit des Metalls, und leichtflüssige weiße Metalle sind demselben bei weitem nicht so unterworfen, als die hartflüssigen rothen und gelben Metalle und Metallmischungen.

§. 6.

Zugleich mit dieser Stumpfheit der Umrisse pflegt sich bei Abgüssen gewöhnlich und unausbleiblich dann auch die körnige Oberfläche zu zeigen, die bei gelben und rothen Metallen selten feinkörnig ist, und immer dem Beobachter sehr bemerkbar wird. Sie entsteht theils dadurch, daß die mehrsten der rothen und gelben Metalle im flüssigen Zustande, der immer mit bedeutender Hitze verbunden ist, die Oberfläche des Formsandes angreifen und rauh machen; theils aber dadurch, daß das beim Erkalten oder Schwinden sich zusammenziehende Metall nicht bloß im Innern, sondern auch auf der Oberfläche in einer krystallinischen Form anschließt. Das letztere kann man durch ein scharfes Glas sehr wohl erkennen, und findet es immer mit dem Rauhen vergesellschaftet, welches die Forme gegeben hat.

Bewirkt das Schwinden an sich selbst schon stumpfe Umrisse, so muß diese kristallinische Oberfläche dieselben noch stumpfer machen. Das Auge erkennt daher nicht bloß schon diesen Unterschied von dem Präge-Ansehen ganz leicht, sondern selbst das Gefühl, an der eigenen Schärfe, welche die reibenden Finger bei einer solchen gegossenen Münze antreffen.

§. 7.

Oefters ist auch die Oberfläche der gegossenen falschen Münze nicht bloß rauh und kristallinisch, sondern zeigt zugleich einzelne Schwindstellen, die dann den Guß ganz vollständig beweisen. Wenn das fließende Metall sich, wie schon gesagt, beim Erkalten in

sich

sich selbst zusammenzieht, oder nach dem Ausdruck der Techniker schwindet, so geschieht dies nicht immer gleichförmig, sondern an einer Stelle mehr als an der anderen. Es entstehen dadurch einzelne Vertiefungen, die jederzeit ein noch bedeutenderes kristallinisches Ansehen haben, als die übrige Oberfläche, und sogar mitunter in ihrem Mittelpunkte unvollkommen strahlig erscheinen.

Diese Schwindstellen sind, einmal gesehen, gar nicht zu verkennen und eben so wenig, nach einmal nur gemachtem Vergleich, mit den vertieften nicht völlig ausgeprägten Stellen zu verwechseln, die auf geprägten Münzen nicht selten vorkommen.

§. 8.

Wenn die Münzen bei dem Prägen einen zu schwachen Druck erleiden oder zu wenig Masse haben, um völlig ausgeprägt zu erscheinen, so können wohl auch Vertiefungen bleiben. Die hierbei zurückbleibenden Stellen tragen aber entweder die Spur der Feile oder doch, bei mattem Ansehen gegen den Glanz des Gepräges, das geschobene unvollkommene schuppenähnliche Ansehen, welches vom Walzenstrecken zurückbleibt und mit dem Gußansehen nicht die entfernteste Aehnlichkeit hat.

Mehrentheils, und bei zu dünnen Platten für zu tiefes Gepräge fast immer, liegen auch diese tieferen unausgeprägten Stellen den höchsten Geprägestellen der anderen Seite gegenüber. Es hat sich bei fehlender Masse das Metall in diese gezogen, und hat dadurch die entgegenstehende Lücke bewirkt. Ganz dasselbe ist es auch mit dem Scheine, den man auf der Schriftseite vieler der alten preußischen $\frac{1}{24}$ bemerkt. Man hat darauf die eben so absurde als häufig geglaubte und nacherzählte Fabel gebaut: daß es ein verstecktes verkehrtes B. und das Zeichen sei, welches die Birminghammer Falschmünzer ihren Groschen künstlich aufgeprägt hätten, um *sie kenntlich zu machen*! Es ist der Wiederschein des, öfter zu tiefgehaltenen R in welchem sich auf der anderen Seite, der völligen Ausprägung entgehend, das Silber der dünnen Platte gezogen hat.

§. 1.

Bei antiken Goldmünzen müssen ganz besondere Umstände obgewaltet haben, wenn sie, an sich selbst wirklich echt, durch bloße Einwirkung der Erde und der Umgebung in der sie gefunden worden sind, eine andere Stumpfheit erhalten haben sollten, als durch Druck und Umlauf, und eine andere Rauhigkeit als die des unpolirten rohen Stempels Beide unterscheiden sich, sobald man nur ein- oder ein paarmal den Vergleich mit wirklich gegossenen Münzen gemacht hat, in ihrem deutlichen Präge-Ansehen so wesentlich vom Nachguß, daß die Täuschung ferner nicht mehr möglich ist. Es ist auch bei *Goldmünzen* um so leichter, da selbst die legirten Münzen zu viel vorwaltenden Goldbestandtheil haben, um sich in der Erde mit einem eigentlichen Roste (Vernis) fest zu bekleiden. Dem Gießer geht daher hier das Hülfsmittel des Versteckens durch Firniß ab, was bei anderen Münzen sonst wohl angewendet wird und weiter unten vorkommen wird.

§. 10.

Obwohl dem Kundigen und Geübten leicht erkennbar, gehört der Betrug mit nachgeformten gegossenen antiken Münzen doch zu den gewöhnlichsten. Darum aber eben ist für den angehenden Sammler alter Münzen die Kenntniß gerade dieser Merkmale besonders wichtig, und deswegen für ihn auch vorwaltend nöthig, sich in Auffindung derselben recht sehr einzuüben. Wenn man aber bei Bildgießern, Gold- und Silberarbeitern, Roth- und Gelbgießern, und Künstlern überhaupt, welche Metalle durch Guß gestalten, die roh aus der Form kommenden, noch nicht überarbeiteten Gußarbeiten zu sehen Gelegenheit sucht, so ist dies der beste Weg und der sicherste zugleich, sich diese Kenntniß zu verschaffen. Die rohen Gußarbeiten haben immer die erwähnten Merkmale bald einzeln, bald alle zugleich und oft auch noch mit denen vergesellschaftet, welche die folgenden §§. nennen. Keiner der Künstler wird es auch verweigern, gern noch besonders auf die Stellen aufmerksam zu machen, wo ein oder das andere Merkmal am auffallendsten oder am verstecktesten erscheint.

§. 11.

Durch das Ueberarbeiten gehen die erwähnten drei Merkzeichen gewöhnlich verloren. Bei Münzen machen sie aber dann nur anderen Platz, die gerade durch das Ueberarbeiten hervorgebracht, wiederum eben so deutlich auf Unechtheit deuten oder sie beweisen.

Sie kommen weiterhin vor. Häufig finden sich aber auch zugleich auf gegossenen Münzen Gußbläschen, und diese gehen nicht so leicht weg, als das Rauhe des Gusses. Sie zeigen sich als feine, oft äußerst feine kleine runde Blasenlöcher, mit welchen die Oberfläche der Münze mehr oder minder überlegt ist. Da es Löcher sind, so bleibt ihre Spur auch nach einem künstlichen Abschleifen und Poliren; denn beides kann nicht so weit getrieben werden, als nöthig wäre, sie ganz zu vertilgen, und geschähe das selbst, so würden sich doch dann gewöhnlich neue dergleichen Blasenlöcher finden, die tiefer gelegen haben.

§. 12.

Wo nur irgend ein solches Gußbläschen sich zeigt, da kann man die feste Ueberzeugung hegen, daß die Münze gegossen ist. Darum müssen jedoch antike Münzen noch nicht gerade zu als falsch erklärt werden; denn es giebt nicht allein, wie schon bemerkt, unter den antiken Münznn ursprünglich gegossene antike Münzen (Beauvais, Art. VIII.), sondern es können auch sogar bei geprägten Münzen aus jener Zeit Gußbläschen vorkommen.

Die größeren Münzen wurden, nach Ausweis gefundener Formen, vorher ganz nach einem Probegepräge gegossen, um dann mit geringerer Beschwerde ausgeprägt werden zu können. Betrachtet man aber auch die Kleineren, so wird es wahrscheinlich, daß die Platten dazu, um das größtentheils sehr tiefe Gepräge leichter annehmen zu können, als Linsen gestaltet waren, und noch wahrscheinlicher, daß sie als solche Linsen-Platten gegossen worden sind.

War das nun der Fall — und es giebt kaum eine andere Möglichkeit — so ist es auch gar nicht mehr zu verwundern, wenn sich auf den Rändern der Gepräge und auf den Geprägen selbst die Gußbläschen mitunter wiedererkennen lassen, welche sich auf den Platten häufig genug gefunden haben müssen und auf den Geprägen nur mehrentheils weggedrückt sind. Eben, weil diese Bläschen aber auf den geprägten Stellen nur plattgedrückt erscheinen können und weil sie selbst auf dem durch das Prägen herausgetriebenen Rande durchaus nicht mehr ihre natürliche perlrunde Gestalt behalten haben, so müssen sie auch unterscheidbar sein. Wo sie also rund und unverdrückt oder unverzogen vorkommen, da kann die Münze wenigstens kein Gepräge sein, und überhaupt nicht echt; dafern sie nicht zu den Arten der ursprünglich gegossenen antiken Münzen zu zählen ist.

§. 13.

Für antike Münzen gewähren auch noch die eingerissenen eben so, wie die künstlich eingeschnittenen Randstellen ein bedeutendes Merkzeichen zur Erkennnng des Gusses! Unmöglich ist es schon nach §. 3, S. 98 in gelben Metallen die Gravirung völlig scharf zu gießen, wenn es auch möglich wäre, diese Theile ganz scharf zu formen; niemals kann es aber gelingen, einen Riß im Metalle nur zu formen, geschweige denn, scharf zu gießen. Der Riß hat eine krystallinisch-hackige Oberfläche bis in die letzte, nicht mehr vom Auge zu verfolgende Endigung; das Formmittel muß also immer festgehalten und von der übrigen Form abgerissen werden. Machte Jemand aber auch die Unmöglichkeit der Formung möglich, so kann die feine Endigung des Risses doch nicht mit abgegossen werden, und immer wird man hier den Guß vom Prägeriß ohne alle Mühe erkennen.

§. 14.

Zuletzt giebt auch für alle Münzen überhaupt der Rand ein bemerkbares Anzeichen des Gusses. Man kann keine Münzen anders als in einer Form aus zwei Theilen formen, deren jeder die halbe Münze enthält. An einander gefügt, geben beide Theile den Raum, in welchem das einfließende Metall die Gestalt der Münze annehmen soll. Diese beiden Formtheile so genau an einander zu bringen, daß nicht wenigstens eine feine Nath da entsteht, wo sie an einander schliessen, ist unmöglich; sie muß sich also mit abgießen. Außerdem muß doch auch eine Oeffnung zum Einfließen des Metalls gelassen werden; in welcher sich aber auch unvermeidlich etwas Metall halten und das sogenannte Gußzäpfchen bilden muß. Beide Uebelstände müssen weggenommen werden; geschieht dies aber mit der Feile oder auf andere Art, so wird die Abnahme-Stelle sichtbar bleiben und Verdacht erwecken.

§. 15.

Bei modernen Münzen geht dadurch gewöhnlich die Randverzierung vorloren und fehlt oder ist ungeschickt ersetzt, was denn beides um so mehr Stoff zum Verdacht giebt. Es können zwar wohl auch echte antike und moderne Münzen mit befeiltem Rande vorkommen, und kommen auch unter denen öfters vor, welche irgendwo in Geräthen eingelöthet waren, dann aber wieder herausgenommen sind. Wenn diese Befeilung aber solche Münzen ganz billig verdächtig macht, weil sie ihnen nicht eigenthümlich ist, so werden die übrigen Merkzeichen dann wohl den Verdacht zerstreuen. Uebrigens ist es auch weit besser, einmal eine echte Münze unnütz mit Augen des Verdachts zu betrachten, als eine falsche auf Vertrauen zu nehmen und vielleicht noch obenein theuer zu bezahlen.

§. 16.

Bei Silbermünzen gilt fast alles, was in Hinsicht des Präge-Ansehens und über das Gußansehen von Goldmünzen gesagt worden ist, nur verdient noch bemerkt zu werden:

§. 17.

Stumpf abgesetzte Umrisse sowohl, als das körnige und kristallinische Ansehen und die Schwindstellen müssen bei den Münzen aus weißen Metallen weit schärfer in's Auge genommen werden, als es bei Goldmünzen nöthig ist. Es giebt unter den weißen Metall-Kompositionen allerdings solche, welche sehr scharfe Abgüsse geben und dabei nur wenig schwinden, also auch weniger Schwindstellen zeigen. Weil sie dabei auch mit Formmitteln vorlieb nehmen, welche die allerschärfste Formung zulassen und bei sehr raschem Erkalten der Form näher angeschmiegt bleiben, so nehmen sie auch nur wenig kristallinische Oberfläche und bleiben ziemlich glatt. Sei indeß der Guß auch noch so wohl gerathen, so bleibt doch die Oberfläche immer rauh und matt und gewinnt niemals ein wirklich straffes Präge-Ansehen.

§. 18.

Glücklicher Weise sind dabei auch die mehrsten Gemische, welche so scharfe Abgüsse geben, von einer grauweißen Farbe, welche eben so weit vom Feinsilberweißen als von dem Legirungssilberweißen entfernt ist. Hat der Falschmünzer eine so unnatürliche Farbe durch künstliche Beschmutzung bedeckt, so treten die für Farben der angelaufenen Münzen angegebenen Merkzeichen in ihr Recht. Wählt aber der Falschmünzer, bei der Unmöglichkeit wirklicher Versilberung, dazu ein Anreibemittel, so verräth wiederum der Glanz die Unechtheit.

§. 19.

Bei der Wahl härterer Metalle zum Guß, welche Versilberung dulden, treten wiederum alle die §. 3 bis §. 12 angegebenen Gußmerkmale ein, und wenn der Falschmünzer durch Schleifen und Poliren zu Hülfe kommen will, so fehlt das Präge-Ansehen doch, und die Gravirmerkmale lassen die Unechtheit erkennen.

§. 20.

In Betreff antiker Silbermünzen, denen die Politur fehlt, darf man demungeachtet nicht zu sehr auf die gewöhnlich leichte Erkennung des Gusses bauen. Es giebt eine, zum Glück nicht sehr gekannte Art, in feinem Silber zu gießen, die so scharfe Güsse giebt, daß es nur weniger Nachhülfe bedarf, um sie täuschend zu machen. Noch täuschender werden sie, wenn sie der Falschmünzer beschmutzt hat.

Der Sammler hat sich also zu hüthen, daß er durch dies Ansehen nicht getäuscht werde, und muß besonders auf den Rand achten, der doch immer schlecht mit Rissen geformt und dabei zur Wegnahme des Gußrandes befeilt, geschliffen — kurz unnatürlich erscheinen wird. Am besten ist es überhaupt und der einzige Weg, sicher zu gehen, wenn man gar kein Merkmal der Echtheit für sich allein entscheiden läßt, sondern immer nur auf die Summe aller Merkmale seinen Glauben gründet. Ein einzelnes Merkmal der Unechtheit ist wohl oft zum Verwerfen berechtigend; zur Annahme als echt reicht dagegen nur sehr selten das einzelne Merkmal aus.

§. 21.

Bronze-Münzen können eben so wenig scharf nachgegossen werden, als Goldmünzen, weil das Metall nicht scharf ausfällt, sondern alle die angegebenen Merkmale des Gusses höchst auffallend zeigt; sie sind es aber auch gerade, welche zugleich die mehrsten Mittel zur Verbergung für den Unaufmerksamen gestatten. Man verbirgt bei diesen Münzen das Gußansehen, theils durch Nacharbeiten, theils durch Beitzen, theils durch Färben und Ueberziehen und öfters auch durch alle diese Mittel auf einmal.

§. 22.

Was die Nachhülfe durch Grabstichel und Bunzen betrifft, so wird weiterhin davon die Rede seyn. Bedenklicher aber ist die Methode der Beitzung. Auf der Ebene und Gravirung wird sie selten angewendet getroffen, weil sie zerstörend wirkt. Sie kann also nur, das echte Ansehen gebend, zugleich der Münze einen Unwerth geben, den sie auch, in solchem Zustande haben würde, wenn sie wirklich echt wäre. Mehr und gar nicht seltene Anwendung findet sie dagegen zur Verbergung der oben erwähnten Gußnath und des Gußzäpfchens, und hier ist sie, wenn der Nachgießer die Kunst gehörig verstanden und ausgeübt hat, wirklich schwer zu erkennen.

Unmöglich ist dies indeß doch nicht. So wie die Erde, die Feuchtigkeit und die ätzenden Stoffe, welche die Erde birgt, in langsamer aber immer fortwährender Wirkung, theilweise tief, theilweise flach, aber immer scharf begränzt, den zerstörenden Zahn eingesetzt haben; so wirkt keine Säure! Bei der geschicktesten Behandlung unterscheidet sich doch immer die künstliche rasche Aetzung von der langsamen der Natur, und dem Aufmerksamen entgeht der Unterschied nicht, wenn er sein Auge geübt hat. Macht übrigens die genauere Betrachtung auch nur zweifelhaft, so ist das schon genug, weil alsdann die Beobachtung der übrigen Merkmale eintreten und zum Ziele führen muß.

§. 23.

Die künstliche Färbung und Ueberziehung kann eben so wie die Beitzung zu einem hohen Grade von Täuschung für das Auge des nicht ganz Aufmerksamen gebracht werden. Sie ist von zweierlei Art, nämlich durch Beitzung und durch Lacküberzug.

§. 24.

Schon weiter oben (§. 18, S. 73) ist gesagt worden, daß man durch Beitzmittel manche antike

Bronze-Farben nachahmen kann. Solche Beitzbronze hebt aber mehr die Gravirung und Ebene, als daß sie Guß- und Nacharbeitsfehler verbergen sollte, und kann also nur mit Glück bei Münzen angewendet werden, welche, wie die Paduanischen u. a. m. über und über falsch sind. Bei abgeänderten antiken Münzen ist das Verfahren weniger täuschend; weil dadurch zwar die alte Farbe glücklich erreicht wird, die Beitzbronze aber nicht die Abänderung deckt. Die nachhelfende Kunst des Grabstichels und des Bunzen wird also nicht versteckter, als da die Münze ohne Bronze war.

§. 25.

Lieber bedienen sich die Falschmünzer darum auch lackartiger Ueberzüge, welche eben so Gußspuren als die Spuren des Schleifens, Nacharbeitens u. s. w. zu verschmieren und zu verbergen geeignet sind. Diese pechartigen oder Lack-Ueberzüge nehmen, wie schon früher bemerkt ist, ziemlich alle Farben und besonders die Rostfarben der Münzen an, und können in dieser Hinsicht also auch für den ersten Augenblick täuschen. Immer bleibt ihr Glanz (§. 18, S. 90) aber ein Fettglanz, und verräth sie dadurch zuerst; dann aber, wenn man darauf achtet, wird das Auge auch bald den Unterschied in dem Ansehen eines aufgetragenen Körpers und dem des Rostes unterscheiden, der durch Elementarwirkung gebildet worden ist.

§. 26.

Der auffliegende gemeine echte Rost hat seiner Natur nach immer ein mageres, trockenes Ansehen, und erscheint er als edler Rost, als Email, so ist der große Unterschied noch bemerkbarer. Das echte Email nimmt der Münze nichts von ihrer Schönheit und Zierlichkeit; ja es erhöht sie wohl gar; der Lacküberzug dagegen verschmiert und macht das Bild undeutlich. Wenn selbst die Lackirung nach allen Regeln und mit aller Geschicklichkeit behandelt ist, durch welche die englischen, französischen und deutschen Lackwaaren guter Fabriken so sehr ausgezeichnet sind, so kann das doch nicht anders sein. Immer bleibt der Lack ein Ueberzug, wenn hingegen das Email eine bloße Umänderung der Masse, Umwandelung des metallischen Erzes in dichtes Metall-Oxid ohne irgend eine Formveränderung ist, die nur die Natur in langer Arbeit zu bewirken versteht.

§. 27.

Ist, nach diesen Merkmalen, der Verdacht erst eingetreten, so ist auch die Entdeckung des Betruges leicht nnd sicher. Jeder Rost ist trockener Natur, also spröde, und mit einem scharfen Instrumente leicht abzusprengen. Die Stelle, wo er weggesprengt ist, muß daher, durch die Lupe betrachtet, auch allemal einen erdigmatten Bruch haben, der um so feinkörniger ist, je fester die Rostmasse ist. Bei der festesten Art, die ich Email nenne, kann dieser Bruch wohl selbst splitterig bis zum unvollkommen muschlichen werden. *) Berührt man dagegen Pech- oder Lacküberzüge mit einem spitzen und scharfen Instrumente, so wird allemal, und besonders, wenn man es langsam und leise drückend in die Masse senkt, dieselbe nachgebend sich schieben, einen Spahn bilden, kurz sich schneiden lassen, anstatt weg zu springen. Das Letztere, das Abspringen, könnte ebenfalls auch bei sehr festgebackenem Lack mitunter einmal vorkommen, doch wird es nicht vorwaltend sein, und der Bruch wird niemals das trockene, magere Ansehen des Rostbruches haben.

§. 28.

Zu bemerken ist noch, daß es auch falsche antike Münzen geben soll, die mit wirklichem Email (Bleiglasur) überschmolzen sind.

Giebt es dergleichen wirklich — was doch nur den Augen und dem damit gemachten Versuche geglaubt

---

*) Wenn man einen erdigen ziemlich festen Körper, z. B. ein Stück Thon, Röthel oder dergl. m. zerbricht, so wird man den erdigmatten Bruch von feinerem oder gröberem Korne kennen lernen. Festere trockene Steine, z. B. feinkörniger Marmor, Alabaster u. a. m. pflegen dabei einzelne Absplitterungen zu zeigen, die den Bruch zum mehr oder weniger splittrigen Bruch machen. Noch festere, die dann auch sehr spröde sind, z. B. Feuersteine, zeigen einen muschlichen Bruch, der auch, aber hellglänzend, bei zerschlagenen Glasstücken normal angetroffen wird.

werden kann — so werden sie freilich ein festes Email zeigen; aber sie müssen doch sehr stumpf sein, und die mühsamer abzusprengende Stelle muß muschlich mit Glasglanz erscheinen. Ueberdem muß aber auch am Rande irgend stellenweise das Email fehlen; denn wenn man auf zwei Seiten emailliren will, so müssen Berührungspunkte der Unterlage bleiben, die dann ohne Email sind; Münzen pflegen aber überall und rundum vom echten Email-Oxid eingehüllt zu sein! Es kann das überhaupt nur eine schlechte Betrügerei sein.

§. 2

Mit Firniß überzogen kommen echte Münzen aber wirklich vor. Sie haben diesen Ueberzug gewöhnlich von Sammlern erhalten, welche ihre Münzen durch den leisen Glanz mehr heben und erkennbar machen wollen, ohne zu bedenken, daß sie die Münze dadurch verdächtig machen. Gewöhnlich ist es eine bloße Auflösung von Mastix-Schellack oder ähnlichen Lackkörpern in Weingeist, die dazu angewendet worden ist, und man thut gut, die weitere Untersuchung durch Wegnahme des Lacks vorzubereiten. Dies geschieht ganz leicht, wenn man dergleichen Münzen mit gutem Weingeist abbürstet, wobei man mitunter auch gelinde Erwärmung zur Hülfe nehmen muß.

Auch vom fetten Lack kann man die Münzen befreien; was oft zur weiteren Untersuchung recht nöthig ist. Dazu gehört, daß man die Münze mit

Oel oder Firniß überzieht und in der Zange über Feuer so heiß werden läßt, daß die Fettigkeit stark dampfend entweicht, der Rost aber auf der Münze schwarz und kohlig erscheint. Wenn nach dem früher angegebenen Wirbeln mit Sand noch viel Ueberzug bleibt, so muß das Verfahren wiederholt werden. Doch darf die Erzmünze nicht Glühhitze erhalten. Mit der Säuren-Mischung reinigt man sie zuletzt, wenn man will, bis zur Metallfarbe, und erkennt dann leicht jede Art der Fälschung, namentlich der Gravirungs-Fälschung.

Von der Größe der Münzen.

§. 1.

Die Größe kann, für sich entscheidend, nur als Merkmal bei den Münzen gelten, welche, nach der neueren Art, medaillenartig im Ringe geprägt sind und daher eine immer übereinstimmende Größe haben. Die Münze, welche davon abweicht, muß unbedingt falsch sein, wenn sie größer ist. Ist sie dagegen kleiner, so wird sie durch Metallabnahme vom Rand (beschneiden, befeilen) im Werthe verringert worden sein. Das letztere läßt sich am veränderten Rande erkennen, der entweder fehlt oder künstlich, und darum erkennbar, wiedergegeben ist.

§. 2.

Bei Münzen, welche nicht im Ringe geprägt sind, kann dagegen die Größe allein nicht für Echtheit oder Unechtheit entscheiden. Sie ist von dem Drucke des Prägewerks abhängig, dessen stärkerer Druck die eine Münze mehr ausdehnt, während ein schächerer-Druck eine andere Münze desselben Stempels kleiner läßt.

In Verbindung mit den Kennzeichen der Dicke und des Gewichts wird indeß dies Merkmal sehr bedeutend, wie an den gehörigen Stellen vorkommen wird.

§. 3.

Bei den antiken Münzen kann die Größe gar nicht als Unterscheidungsmerkmal gelten, weil die damalige Art, zu prägen eine Verschiedenheit der Größe zur nothwendigen Folge haben mußte.

§. 4.

Ist das Kennzeichen der Größe nach den vorigen §§. für Unterscheidung und also auch Beschreibung falscher Münzen nur von bedingtem Werthe, so hat dasselbe doch besonderen Werth für Erkennung und Beschreibung echter Münzen. Wenn es daher auch nicht ganz eigentlich zum Hauptzwecke dieses Buches gehört, so liegt es doch so nahe dabei, daß es erlaubt sei, hier einiges darüber zu sagen.

§. 5.

Oefters fehlt diese Bestimmung den Beschreibungen von Münzen ganz und damit überhaupt ein wesentliches nächstliegendes Erkennungsmerkmal. Gewöhnlicher ist es, viel zu unbestimmt, durch Bezeichnungen gegeben, die theils für gar manche Größe zugleich passen, theils auch nur in der Gegend gekannt sind, wo der Autor lebt; im Auslande aber wenigstens nicht allgemein. So z. B. Viergroschen- oder Guldengröße. Besser und wirklich nothwendig ist es, sich zur Angabe eines bestimmten und solchen Maaßes zu bedienen, welches wenigstens Münzsammler kennen oder doch leicht kennen lernen können.

§. 6.

Johann Groningius in seiner Historia Numismatum critica, Hamburg 1702, u. a. m. haben schon Größenmesser geliefert, nach welchen man mit größerer Bestimmtheit angeben könnte. Besonders zweckmäßig ist unter diesen der Münzmesser, welchen Mader auf dem Titelblatt zum ersten Theile seiner vortrefflichen kritischen Beiträge zur Münzkunde des Mittelalters, Prag 1803, gegeben hat. Daß dies Buch in den Händen aller Numismatiker auch außer Deutschland sei, ist aber mehr zu wünschen, als zu erwarten, und die Größen-Angabe darnach kann mithin nicht einmal so viel nützen, als die ungefähre Angabe nach Geldstücken.

§. 7.

Am besten würde es sein, wenn die Beschreiber bei Angabe der Größe ein ganz allgemein gekanntes Maaß zum Grunde legten. Dazu scheint sich keines besser zu eignen, als das heutige französische Zehntheilmaaß, welches allgemein bekannt ist, dabei im Millimeter eine vollkommen hinlängliche Einheit besitzt und wohl auch als unveränderlich betrachtet werden kann. Um leichter durch Auflegen die Münze zu messen, würde dann jeder nur nöthig haben, sich, nach Art des Mader'schen, ein Maaß in Kreisen von Maders 1 bis 50. nach Millimetern aufzuzeichnen; um dann jede nach diesem Maaße gemachte Größen-Angabe zu verstehen. Fig. I. giebt das Bild eines solchen Größenmessers von 8 Centimetern mit Größenunterschieden, von 1 Millimeter.

Von der Dicke der Münze.

§. 1.

Sie ist als Merkmal für sich allein, eben wie die Größe ein nur unbestimmtes Erkennungszeichen falscher Münzen, wenn die Münze nicht zu den, im Ringe geprägten Geldsorten gehört. Diese haben bei gleicher Masse und gleicher Größe auch unbedingt gleiche Dicke, und allgemeine Abweichung davon kann nur bei falscher Münze vorkommen; wenn auch der Rand bei echten Stücken theilweise etwas höher sein kann. Bei den nicht im Ringe geprägten Münzen wird dagegen die durch den stärkeren Stoß mehr ausgedehnte Münze dünner erscheinen, als die mit ihr zugleich geprägte, schwächer gedrückte und also kleinere Münze; so daß hier die Dicke nicht, weder für Echtheit noch Unechtheit beweisen kann.

§. 2.

Giebt man indeß auf Größe und Dicke zugleich acht, so wird gerade dieses Erkennungsmerkmal zu einem der Wichtigsten; denn es gewährt den Vortheil der ersten leichten Entdeckung. Schon bei dem Durchschießen des Geldes kann man die abweichende Dicke bemerken nnd mit der Größe vergleichen, und nimmt man dann noch die Wägung hinzu, so bedarf es selten noch eines weiteren Beweises; der sich aber, bei Beachtung der schon erwähnten Fabrikmerkmale, doch auch allemal findet.

§. 3.

Eine Goldmünze, welche falsch, also von anderen Metallen ist, muß bei richtiger Größe entweder sichtbar zu dick oder bedeutend zu leicht sein. Alle gelbe und rothe Metalle sind leichter als das echte Gold, und nehmen daher mehr Raum bei gleichem Gewichte ein. Behält also der Falschmünzer die Größe der echten Münze bei, so muß er sie dicker machen; will er auch die richtige Dicke behalten, so wird sie zu leicht werden. So ist es sogar, wenn das Metall der Münze ein geringeres Gold ist, als es sein soll, und eben darum erkennt man auch die sogenannten Mittel-Friedrichs- und neuen Augustd'or aus der Zeit des siebenjährigen Krieges ganz leicht. Sie haben zwar mit den guten Sorten gleicher Art, Größe und Gewicht gemein und zum Theil sehr übereinkommende Gravirung; aber die bedeutendere Dicke macht sie schon beim Durchschießen kenntlich. Sieht man zugleich dann auch auf die viel röthere Farbe und untersucht den Strich auf dem Steine, so kann man damit niemals getäuscht werden; wenn selbst, wie öfters, die Jahreszahl künstlich abgeändert ist und man dies übersieht.

§. 4.

Hat daher eine Goldmünze gleiche Größe, gleiche Dicke und gleiches Gewicht mit einem echten Stücke des ähnlichen Gepräges, so wird sie sich immer auch übrigens als echt bewähren; so wie sie gegentheils auch andere Beweise der Unechtheit geben wird, wenn sie eines der Merkmale übereinstimmend und die übrigen abweichend zeigt.

§. 5.

Zwei Ausnahmen können hierbei statt finden; denn es kann eine Münze aus Platin geprägt, oder sie kann ein gleichwerthiger Nachschlag, also unberechtigt geprägt sein. Platin, dem feinen Golde an Eigenschwere so nahe, könnte wohl falsche Münzen von gleichen Dimensionen, bei gleicher Schwere, mit fein goldenen Münzen geben; es ist aber um die Prägung von Platin-Münzen so ein eigenes Ding, daß man diesen Betrug nicht zu fürchten hat.

Münzen, welche als Versuch in vergoldetem Platin geprägt worden sind, haben überdem gezeigt, daß dies Metall noch viel weniger als die übrigen eine wirklich Feingoldfarbe durch Vergoldung annimmt, und sich auch von der Legirungs-Goldfarbe bemerkbar unterscheidet.

Nachschläge, in Masse und Gehalt den echten gleich, giebt es unter den französischen Goldmünzen mit Ludwig XVI Gepräge. Da sie den echten im Gehalte und innerem Werthe gleich und nur in anderer als französischer Münzstätte geprägt sind, so müssen sie natürlich bei gleicher Größe und gleichem Gewichte auch gleiche Dicke haben.

Unter den Naschlägen, die man, wie diese, Louis de fabrication nennt, giebt es aber auch geringhaltige, und diese unterscheiden sich auch wesentlich von den echten.

§. 6.

Bei Silbermünzen wird dies Merkmal zuweilen weniger auffallend. Es giebt Metallmischungen, die im Gewichte bei gleichem Raume (Eigenschwere genannt und weiterhin deutlicher beschrieben) einigen Silberlegirungen ziemlich nahe kommen. Sie sind zwar in Farbe bedeutend vom Silber verschieden und auch in anderen Merkmalen; da sie aber iu Folge der ähnlichen Eigenschwere den Urbildern, welchen sie nachgeahmt sind, in Größe, Dicke und Gewicht nahe kommen, so können sie doch der ersten flüchtigen Beachtung entgehen. Die mehrsten falschen Silbermünzen sind jedoch, wie die Goldmünzen, zu groß, zu dick oder zu leicht und oft auch alles auf einmal.

§. 7.

Bei der Beschreibnng echter Münzen — weil schon einmal vorher die Rede davon war — ist die Dicken-Angabe noch nöthiger fast als die Größen-Angabe. Die Weglassung derselben setzt öfters in Zweifel darüber, ob die Münze, deren Gepräge beschrieben wird, zu den Dickmünzen gehöre, oder eine dünnere, eine Blechmünze, oder wohl gar ein halb Brakteat sei; das ist aber doch zu wissen sehr nothwendig.

§. 8.

Gröning (Groningius) a. a. O. hat auch dazu einen Maaßstab geliefert, der aber nicht, und überhaupt kein aufgezeichneter Maaßstab, zur genauen Dicke-Messung ausreicht.

Auf der beigefügten Kupfertafel findet man Fig. II. einen solchen Dickenmesser angegeben, welcher vollkommen leistet, was er leisten soll, und nach dieser Zeichnung leicht in Eisen oder Messing, allenfalls nur in Blech gemacht werden kann.

§. 9.

Es ist ein in das Blech eingeschnittenes rechtwinkliches Dreieck ABC — welches noch besser, leichter und richtiger durch zwei an einander geschobenen Bleche gebildet wird. Der Schenkel AB, dessen unterer Winkel ABC einen Rechten bildet, ist auf die Länge von zwei Decimetern in 10 Theile getheilt, deren jeder wieder in 10 Theile getheilt ist, und also 100 Grade, jeden von zwei Millimetern bildet. Die beiden Zehntheile am engeren Theile des Dreiecks sind, weil es hier zu dünneren Münzen nöthig wird, noch in Halbtheilen der Unterabtheilung, also in Millimeter getheilt. Die Basis BC ist ein Centimeter.

§. 10.

Die Münze, deren Dicke gemessen werden soll, wird in das offene Dreieck ABC gesteckt und dem engeren Theile zugeführt, so daß sie flach an die auf der Basis senkrechte Seite anliegt. Da, wo ihr Rand die beiden Seiten berührt und dem Weiterhinaufschieben die Gränze setzt, wird der dabei stehende Gradstrich den Ausdruck für die genaue Dicke geben. Man giebt nämlich die Münze mit so viel Graden Dicke an, als die Zahl neben dem Gradstriche andeutet. Neue preußische Thaler z. B. würden als 27 Grad dick angegeben werden müssen. Kleine Unterschiede, die durch einen an einer Stelle etwas mehr aufgetriebenen Prägerand entstehen, können dabei wohl vorkommen; im Ganzen ist aber diese Messung sehr genau richtig und das Bild der Münze auch in dieser Hinsicht deutlicher gebend.

§. 11.

Es kann scheinen, daß bei antiken Münzen die Dicke-Messung nicht von besonderem Nutzen sein könne, da sie so unregelmäßig gestaltet und ungleich in Dicke sind *). Man wird aber nicht leugnen können, daß es mindestens einen anschaulicheren Begriff von einer Münze gewährt, wenn man ihre Größe und Dicke kennt. Wenn von einer Münze die Rede ist, deren Zeichnung nicht beiliegt, so trägt, selbst von unregelmäßig gestalteten Münzen, doch unstreitig die Angabe ihres größten und kleinsten Durchmessers, so wie ihrer dicksten und dünnsten Randstellen zur besseren Anschauung bei, und es wird dann leicht, dem Bilde auch noch durch Beschreibung mehr Klarheit zu geben.

§. 12.

Die Sache könnte vielleicht auch noch weiter führen. Es läßt sich wohl nicht genau bestimmen, ob wirlich die Alten, um zu prägen, nur ein Handeisen auf die Geldplatte gesetzt haben, die auf eine munteren Stempel lag, welchen sie in einem Klotze befestigt hatten; worauf dann die Prägung durch bloßes Schlagen mit dem Hammer

---

*) Doch giebt Beauvais die mangelnde Dicke als Merkzeichen der Paduaner ꝛc. Nachahmungen an.

bewirkt wurde. Sie haben sich vielleicht doch dabei auch noch der, so einfachen, Vorrichtung bedient, deren man sich noch in den heutigen Münzen zur Ausprägung kleiner Münzen mit dem Hammer bedient. Die Münzmänner kennen sie unter dem Namen des Klippwerks, und sie ist nur eine geringe Verbesserung der Prägung mit Handeisen, die in der bloßen Hand gehalten werden.

§. 13.

Sollte das der Fall gewesen sein, so lehrt die Erfahrung, daß bei dergleichen Maschinen doch eine Art von Regelmäßigkeit in der Wirkung bemerkbar wird, durch welche man die auf der einen oder der anderen dieser Maschinen geprägte Stücke unterscheiden kann. Möglich wäre es dann wenigstens, daß auch bei antiken Münzen, aller ihrer Unregelmäßigkeit ungeachtet, doch eine Eigenthümlichkeit übrig blieb, wodurch sich das Gepräge der einen Münzstelle und ihrer Maschine von dem der anderen unterschiede. Zuerst und vor dem Prägen in Linsenform gegossen, hatten sie ganz gleiche Größe und Gestalt. Wurde also nur der Stempel nicht geradezu in der freien Hand gehalten, sondern in Zwingen gesteckt, die dem übermäßigen Wanken zur Seite etwas mehr begegnen konnten, so wirkte auch jede Maschine nach einer gewissen Regel.

Aufmerksamer Beobachtung und vielfacher Vergleichung von Gestalt, Größe und Dicke könnte es daher unter solcher Bedingung allerdings mit der Zeit gelingen, in dieser Erkennung weiter zu kommen.

Von dem Gewicht auf der Hand.

§. 1.

Das Gewicht auf der Hand ist ein äußeres Unterscheidungs-Merkmal, welches, wenngleich nicht für sich entscheidend, doch so ganz geeignet ist, die Aufmerksamkeit rege zu machen: daß es dieselbe sogar bei manchen Münzen, namentlich bei Goldmünzen ganz unwillkührlich aufregt. Wem ist es nicht schon begegnet, daß er einen Körper, den er, seinem äußeren Ansehen oder Anstriche nach, für schwer hielt, aufheben wollte; ihn aber viel höher hob, als er gewollt, weil er nur ein schweres Ansehen hatte, wirklich aber leicht war.

Umgekehrt kann man zuweilen einen Gegenstand im ersten Augenblicke nicht heben, den man leichter glaubte, als er ist, und deshalb zu wenig, nicht hinreichende Kraft zur Wirkung anwendet.

§. 2.

Diese auf eine Erfahrungskenntniß der Eigenschwere bekannter Körper gegründete Vorausbestimmung der Kraft, welche man etwa nöthig zu haben glaubt, um irgend etwas zu heben oder zu tragen, gründet sich auf ein gewisses Erwarten, daß Körper, hier eine Gold- oder Silbermünze, auf die Fläche der Hand gelegt, einen Druck von bekannter Stärke bewirken werde. Allemal muß es also auch auffallen, wenn nun die Münze nicht mit dem erwarteten Gewichte auffällt; wenn sie, im Verhältniß ihrer Größe und des Metalls, aus welchem sie bestehen soll, entweder bedeutend leichter oder bedeutend schwerer drückend, auf der Hand gefunden wird! Wer z. B. würde es nicht sogleich an diesem Drucke erkennen, wenn man ihm, im ganz finsteren Zimmer, anstatt eines echten Thalerstücks, ein Stück von gleicher Größe, aber in Gold oder Blei geprägt, auf die Hand legte!

§. 3.

So bewirkt jede Metallmischung bei gleicher Größe einen bemerkbar eigenen Druck auf der Hand. Wenn man also zu der Erfahrung in dieser Hinsicht, die man, ohne sie einmal erwerben zu wollen, schon erwirbt, auch noch einige Einübung hinzufügt, so kann man bald das Gewicht der gewöhnlich umlaufenden Geldsorten auf der Hand sich merken. Man wird eben so wenig Messing und ähnliches Metall mit unechtem Gepräge als Goldmünze, als ein Bleigemisch für Silber so geradehin nehmen, sondern in der bloßen Wägung auf der Hand schon Verdacht finden und das Stück genau betrachten.

Die Gravirung.

§. 1.

Die Gravirung giebt ein äußeres oder Fabrik-Merkmal, welches allerdings recht genaue Einübung im Vergleichen und dabei ein natürliches gutes Auge oder den Gebrauch der Gläser bedingt. Dafür ist es aber auch bei den Münzen der jetzigen Zeit, mit Ausnahme der türkischen Münzen und einiger noch hier und da Umlauf habender älterer Scheidemünzen, durchaus und unbedingt entscheidend für die Echtheit oder Unechtheit einer Münze. Wenn sie selbst alle übrigen Kennzeichen mit der anerkannt echten Münze gleicher Gravirungs-Bezeichnung gemein hat; ja wenn sogar der auf der Kapelle untersuchte Gehalt richtig befunden wird, die Gravirung aber nicht genau übereinstimmend ist, so kann sie dem allen ungeachtet keine aus der echten Münzstätte hervorgegangene Münze sein, sondern falsch oder ein Beischlag!

Es ist schon weiter oben (§. 5, S. 102.) erwähnt worden, daß man dergleichen namentlich unter den den französischen Goldstücken von Louis XVI. findet, die zum Theil aus geringerem Golde geprägt sind, zum Theil aber auch im vollen Gehalt und vollen Werth der echten Stücke. Die Letzteren sind einzig und allein an den Gravirungsmerkmalen von denen zu unterscheiden, die auf berechtigter Münzstätte geprägt sind.

§. 2.

Wenn, bei den Alten wie bei den Neueren bis in das 18. Jahrhundert hinein, ein Paar Münzstempel unbrauchbar wurden, so mußten ein Paar andere dafür aus freier Hand geschnitten werden. Wurden dabei auch späterhin Idee und Zeichnung der Münze nicht mehr so oft gewechselt, als es von den alten geschahe, so blieben doch die neuen Stempel immer nur Nachschnitte der Verbrauchten.

Nachschnitte kann der geschickteste Künstler nicht dem Vorbilde ganz gleich machen, und wenn er das Vorbild auch selbst geschnitten hat; geschweige denn die Mehrzahl der Münzgraveure, wie sie jener Zeit waren. Auch bemühte man sich damals gar nicht einmal darum, mehr als eine allgemeine Aehnlichkeit zu erreichen. Gewöhnlich wird es daher auch nicht einmal dem ungeübten Auge schwer, die Gravir-Unterschiede auf Geprägen von zweierlei Stempeln mit ähnlicher Zeichnung zu unterscheiden.

§. 3.

Nichts kann natürlicher sein, als daß die Falschmünzer dabei ihre schönste Rechnung fanden; denn da das echte Geld selbst unter einander nicht gleich aussehend war, so schlich sich um so leichter falsches darunter. Die abweichende Gravirung konnte ja nicht auffallen; die ungeschickte aber? Nun! sie war bei den echten Münzen auch eben nicht besser!

§. 4.

Eben so natürlich war es dagegen auch, daß man das Unheil fühlte, und ihm wenigstens dadurch abzuhelfen suchte, daß man die Unterscheidung echter und falscher Münzen durch verbesserte und vollkommenere Prägung der echten Münzen zu erleichtern bemüht war. Eine Erfindung: die des Stoßwerks (Balancier), welche dem 16 Jahrhundert und Frankreich angehört, trug dazu schon sehr viel bei. Der Gebrauch dieser Maschine welche, des Widerspruchs aller Meister Münzer ungeachtet, endlich die Münzschmieden, Hammerwerke u. s. w. verdrängte, machte eine zierlichere Prägung möglich, die den Falschmünzern mehr Schwierigkeit beim Nachmachen entgegen stellte. Das half indeß lange noch nicht genug! Die früheren Stoßwerke und übrigen Münzeinrichtungen hatten lange noch nicht die Vollkommenheit der heutigen, und immer blieb auch noch die Ungleichheit der Gravirung, welche der sicheren Unterscheidung der falschen Münzen von den echten entgegenstand.

§. 5.

Im 17. und 18. Jahrhundert verbreitete sich endlich die in jener Zeit erfundene Methode der Vervielfältigung derselben Gravirung über die Münz stätte. Seit jener Zeit, nach und nach immer mehr verbessert, ist sie heute zur höchsten Vollkommenheit gebracht, und gewährt allen Münzstätten den Vortheil, daß jetzt:

„alle Stempel, welche in einem Lande auf „allen ihren Münzstätten zur Prägung „der nämlichen Sorte, z. B. Thaler, gebraucht „werden, insgesammt Vervielfältigungen „eines einzigen, zuerst geschnittenen Stempels „für die Hauptseite, und so auch eines „anderen für die Kehrseite der Münze sind.“

Die Gravirung aller dieser Stempel ist daher jetzt vollständig gleich, und bleibt es auch in der allergrößten Vervielfältigung. Sie bleibt es auch, so lange die Regierung nicht die Aenderung des Gepräges nöthig findet, und bleibt es ohne Ende bei allen Stempeln, die nothwendig werden.

§. 6.

Die allgemeine Einführung dieses Verfahrens hat nun wirklich ganz den Zweck erfüllt, den sie erfüllen sollte! Denn wie die Unterscheidung gegossener falscher Münzen nach anderen Kennzeichen unfehlbar ist, so ist jetzt auch die Unterscheidung geprägter falscher Münzen, wenn selbst sie zu den schönsten Nachahmungen gehören, ganz eben so unfehlbar durch die Vergleichung der Gravirung.

§. 7.

Selbst ohne es zu wissen erhält man die Fähigkeit dazu und auch die Fertigkeit in einem gewissen Grade! Wie wäre es auch anders möglich, als daß ein Auge, welches immer und immer nur das völlig Gleiche sieht, sich nicht so ganz an diese Gleichheit gewöhnen sollte, daß eine vorkommende Abweichung ihm auffallen muß!

Man hört freilich oft genug sagen: „Ja wer kann darauf sehen;“ aber die Leute sehen doch darauf recht häufig, erkennen dann eben so oft, und müssen also doch wohl sehen und erkennen können.

Die Erfahrung bestätigt das! Von den geprägten falschen Münzen, welche als verdächtig den Obrigkeiten gebracht werden, sind es die allerwenigsten, welche Sachkundige entdecken. Die bei weitem größere Mehrzahl wird von gewöhnlichen Leuten entdeckt, die sie erkennen, weil die Münze doch anders aussieht; also: — weil ihr, an eine gleiche Form und Gravirung gewöhntes Auge, durch eine fremdartige Bildung gestört wird. Wo das Störende steckt, wissen sie dabei selten! Genug es stört und macht ihnen die Münze verdächtig, die dann auch fast ohne Ausnahme als falsch erkannt wird.

§. 8.

Giebt man sich nur damit ab, die Landesmünzen wenigstens, recht genau zu betrachten; vergleicht sie unter einander und übt auf die Art das Auge noch mehr, indem man die Gleichheit der gleichartig und gleichwerthig geprägten Stücke verschiedener Münzzeichen bis in's Kleinste verfolgt. Sucht man dann auch die Gravirungs-Unterschiede durch Vergleich mit den ähnlichen Geprägen der übrigen anderswerthigen Stücke auf, die wieder unter einander gleich sind, aber doch von einem anderen Urstempel herrühren, so wird man bald die vollständige Fertigkeit erhalten! Man wird nicht bloß alle Gravirungs-Unterschiede auf den Blick erkennen, sondern auch Zufälligkeiten, welche zuweilen vorkommen. Dahin gehören Stempelrisse, ausgesprungene Stellen und dergl. m., die man vom Wesentlichen trennen und sich auch dadurch nicht irre machen lassen muß.

§. 9.

Nach dem, was bis hieher über die Gravirung gesagt worden ist, könnte es scheinen, als wenn dies Merkmal ausschließlich nur bei Münzen der neueren und neuesten Zeit Anwendung fände; doch ist es bei frühern Münzen, welche noch nicht die völlige Gravirungs-Gleichheit zeigen und selbst bei den alten Münzen auch mit großem Erfolge anzuwenden und darf ja nicht vernachläßigt werden.

§. 10.

Was die modernen Stücke betrifft, die in der Gravirung mehrerer Stempel von einer Art Geld nicht genau übereinstimmen, so pflegen sie nicht so selten zu sein, daß man nicht Stücke zum Vergleich von demselben Jahrgang und Münzzeichen, und auch von dem vorhergehenden und nächstfolgenden Jahrgange sollte erhalten können. Hat man diese, die allerdings hier nothwendig sind, so wird man schon an der ganzen Fabrik — d. i. an der Summe aller äußeren Merkmale zusammen genommen — ohne große Schwierigkeit die Uebereinstimmung mit der Fabrik des zu prüfenden Stückes oder die Abweichung erkennen. Das Auge, welches nur erst einigermaßen geübt ist, wird dann aber auch die Uebereinstimmung oder Abweichung in der Behandlung der Gravirung, den Styl des Künstlers, bald erkennen lernen.

§. 11.

Verschieden aussehen und in der Aehnlichkeit abweichen kann die Gravirung z. B. eines Bildnisses wohl auf den verschiedenen echten Stücken einer Art und eines Jahrganges; sie ist aber von der Hand des nämlichen Graveurs, und trägt also auf allen Stücken die Eigenthümlichkeit seines Schnittes und seiner Behandlung. Wäre der Künstler gerade in dem Jahre entweder erst angetreten oder abgegangen, so pflegt dies, bei älteren Münzen, oft das geänderte Graveurzeichen anzudeuten (was deshalb sehr wichtig ist). Aber dann muß auch der Styl der zu untersuchenden Münze sich entweder auf den Münzen des nachfolgenden oder vorhergehenden Jahrganges wiederfinden. Wo das nicht ist, kann die Münze nur als verdächtig betrachtet werden, und es gehört nicht weniger, als die vollständige Uebereinstimmung aller übrigen Merkmale dazu, sie als echt zu erkennen. Nur solche größere Münzen, welche zugleich zu Denkpfennigen bestimmt waren, machen hiervon Ausnahme; denn diese ließ man öfters durch fremde geschickte Künstler anfertigen, wohl auch auf fremden Münzen prägen. Sie können also fremde Fabrikmerkmale haben und doch echt sein.

§. 12.

Bei Mittelalter-Münzen ist das Merkmal seltener anzuwenden, weil man schwerer nur Vergleichsstücke trifft. Ueberdem pflegt die Gravirung bei dieser so roh zu sein, daß man das, was der Künstler Styl nennt, daran vergebens sucht. Indeß findet man doch in der Gravirungs-Behandlung gleicher Gegend und Zeit eine gewisse, oft recht bestimmte Aehnlichkeit, und diese dann, in Verbindung mit den übrigen Fabrikmerkmalen, wird allerdings und sogar gewöhnlich zum bedeutenden Merkmal der Echtheit solcher Münzen. Beweise dafür findet man in jeder nur einigermaßen reichen Sammlung von Mittelalter-Münzen, und der rechte Blick in Auffindung, in Bestimmung derselben beweiset den Sachkundigen.

§. 13.

Bei den antiken Münzen, welche schön gearbeitet sind, dürfte eine recht genaue Revision des Styls wohl auch von Nutzen sein. Aufmerksamkeit darauf und daraus folgende Einübung in der Erkennung dürfte mindestens besser dazu dienen, neuere Nachahmungen und erdachte, auf antike Art behandelte Münzen *) zu erkennen, als die bestimmte Meinung, daß die neuere Kunst schlechterdings nicht die Schönheit und Vortrefflichkeit des alten Stahlschnitts erreichen können. Es wäre thöricht gegen die Idee und Darstellung, kurz gegen alle die anerkannte Schönheit etwas einwenden zu wollen, welche sehr viele, und sei es auch selbst die überwiegende Mehrzahl, der antiken Münzen schmückt. Was aber die Technik des Graveurs, den Schnitt und dessen Reinheit und Zierlichkeit betrifft, so dürfte der Stahlschneider heutiger Zeit, wenn er antike Münzen treu kopirt, wohl damit fertig werden! Leichter wenigstens ganz unbedingt als der heutige Steinschneider mit der Kopie eines der vortrefflichen, auch in technischer Hinsicht bewundernswerthen antiken Steinschnitts fertig werden kann. Außerdem wagt es aber auch der Verfasser geradehin auf das: „Kreuzige

*) Z. B. von Cowinus von Padua und Cogornier Carteron in Holland u. a. m., von welchen Beauvais im ersten Artikel und in der Uebersetzung, auch Lipsius in seinen Anmerkungen und Zusätzen weitläuftig handeln.

ihn" heraus zu sagen: daß es, neben den schönen antiken Münzen, doch auch gar sehr schlecht ausgeführte giebt, deren Gravirungsschönheit also wohl kein Unterscheidungs-Merkmal giebt.

§. 14.

Kann aber auch die Gravirung kein Merkmal für geprägte neuere Nachahmungen der alten Münzen sein, die, wenn sie gut kopirt sind, sich durch andere Merkmale besser unterscheiden lassen, so giebt sie doch allemal ein sehr sicheres Merkzeichen für solche Münzen, welche an sich echt antik, aber, durch Kunst nachgeholfen, wohl gar umgeändert sind. Dergleichen kommen gar nicht selten vor. Die Falschmünzer nehmen dazu alte Münzen, die nicht selten sind, und machen sie zu seltenen, vielleicht gar nicht vorgekommenen Münzen, indem sie theils das Bildniß, theils das Bild der Kehrseite, theils die Umschrift, oder auch alles zugleich abändern.

§. 15.

Wenn man zurücksieht, was weiter oben über das Präge-Ansehen der echten Münzen gesagt worden ist, so wird man sich durch dergleichen Nachschnitte nicht täuschen lassen. Die Umänderung eines Kopfes oder einer Figur bedingt immer die Anwendung des Grabstichels und des Treibebunzen, und beide sind sind dem aufmerksamen Auge leicht erkennbar.

§. 16.

Kömmt es nur darauf an, einen schon etwas ähnlich geformten Kopf, durch Aenderung der Nase, des Mundes, einiger Gesichtszüge u. s. w. dem verlangten Bilde ähnlich zu machen, so wird das mit bloßer Hülfe des Grabstichels geschehen können. Man wird dann aber auch die Spur des Grabstichelschnittes bemerken. Bei der reinlichsten und besten Arbeit muß der Grabstichel auf Gold, Silber und Kupfer eine geschabte Spur, wenn nicht gar etwas Wellenartiges zurücklassen. Es kann dessen Schabespur überdem niemals vom Mittelpunkte nach dem Umfange hingehen, wie die Prägespur allemal, sondern sie muß in alle den Richtungen gehen, welche der Grabstichel nehmen mußte, um seinen Zweck zu erfüllen, und es mußte also diese Grabstichelspur kenntlich bleiben.

§. 17.

Genügt es nicht an dieser Art von Abänderung allein und wird es nöthig, theils wegzunehmen, theils anzusetzen, so muß auch der Treibebunzen mitwirken, und es wird mitunter wohl gar eine Löthung nöthig werden. Ist z. B. ein herabhangender Arm in einen gebogenen umzuändern und ist er flach gehalten, so wird an der Stelle des weggenommenen Armes wohl ein anderer mit dem Bunzen heraufgetrieben und mit dem Grabstichel vollendet werden können. Muß der Arm aber hoch heraustreten, so würde die Ebene der Münze durch das Herauftreiben zu sehr leiden, und es wird ein passendes Metallstückchen eingetrieben oder mit Löthung aufgelegt werden müssen. In beiden Fällen ist es unvermeidlich, auch die Ebene wieder gleich zu treiben. Man wird also die feinkörnige, immer durch eine geringe Unebenheit zum Schillern geneigte Treibespur auf der geänderten Münze erkennen. Sie verräth sich nicht bloß an der wirklich geänderten Stelle, sondern auch auf der ganzen Ebene und an den Umrissen des Uebrigen, welche höher und weniger scharf geworden sein müssen. Das Präge-Ansehen ist von der Ebene und den Umrissen völlig verschwunden.

§. 18.

Oefters ist man beiden Arten der Umänderung durch sauberes Nachschleifen der getriebenen und nachgeschnittenen Stellen zu Hülfe gekommen. Dann tritt aber wieder der Schleifglanz ein. Wenn auch noch überdem eine Mattbeitze, den ganzen Betrug zu verstecken, angewendet worden ist, so bringt das alles doch kein festes Präge-Ansehen mit bestimmten Umrissen und einer straffen Fläche zuwege.

§. 19.

Die Falschmünzer, welche selbst wohl wissen, wie wenig dergleichen Nacharbeiten den recht Aufmerksamen täuschen können, wenden darum ihre Kunst auch am liebsten auf Bronze-Münzen, wo sie den Betrug auch noch durch einen künstlichen Rost verstecken, überschmieren können. Wie oben gezeigt ist, findet dies Kunststück bei goldenen gar nicht, bei silbernen nur wenig Anwendung; den Betrug zu erkennen lehrt indeß schon §. 25, S. 92 hinlänglich. Auch kommt §. 29, S. 95 vor, wie man den Ueberzug, zu besserer Erkennung der Fälschung wegbringen kann.

§. 20.

Es ist hier die passendste Stelle, auch noch der Betügerei durch Einsetzen und Aneinanderlöthen zu erwähnen, welches besonders bei nachgeholfenen und umgeänderten antiken Münzen gefunden wird.

§. 21.

Das Einsetzen geschieht, indem man eine Münze auf der einen Seite geschickt bis an den Rand büchsenartig ausdreht, so daß sie unten flach und mit einem scharfen Rande, wie das Innere einer Dose anzusehen ist. Von einer anderen gleichfarbigen Münze, deren eine Seite mit dieser zu einer seltenen Münze vereinigt werden soll, wird alles Uebrige abgedreht und sie zu einem Pfropfen gestaltet, der ganz genau in die Vertiefung der ersten und so scharf paßt, daß er mit Gewalt hineingetrieben werden muß. Mit geschickter Hand gemacht, bleibt da nur eine kaum bemerkbare Nath; Treibebunzen und anderes Geräth vollenden dann die Arbeit und haben wenig zu thun, die Spur so zu verstecken, daß nur ein geübtes und gewandtes Auge sie entdeckt. Die Warnung ist indeß allemal da, sobald man es sich nur zur Gewohnheit macht, jede noch nicht gekannte Münze auf einen harten Körper fallen zu lassen. Ein klappernder Ton muß dabei unfehlbar bemerkt werden, die unganze Münze verrathen, und die Veranlassung geben, zu untersuchen, wo die unganze Stelle ist. Mit Hülfe des Glases entdeckt man sie dann bald.

§. 22.

Um zwei Münzhälften an einander zu löthen feilt man die Münzen auf der einen Seite glatt und paßt sie genau auf einander. Diese Betrügerei, welche bei Erz- und Goldmünzen am Rande noch leichter als bei Silbermünzen zu erkennen ist, verräth sich ebenfalls durch den Klang. Er ist nicht der, wie bei Münzen aus einem Stücke, und auch klappernd.

§. 23.

Sowohl das Einsetzen als das Aufeinanderlöthen ist in neuerer Zeit auch wieder, zur Verfälschung der Münzen angewendet, vorgekommen. Man hat echte Thaler bis auf ein dünnes Plättchen abgedreht und auf unechtes Metall gelöthet. Das ist aber am Rande und Klange gleich erkennbar. Auch hat man die eine Seite kastenförmig ausgedreht, um den Rand zu erhalten, ihn mit Blei oder Aehnlichem ausgegossen und die dünne Platte der Gegenseite aufgesetzt. Dabei geht aber das glatte Ansehen der Münze verloren und sie klappert auch sehr.

Ueberdem erfordern diese beiden Methoden zu viel Geschicklichkeit und sind zu mühsam, als daß sie bedeutend Schaden thun können. Auch sind sie nur bei Thalern anwendbar, die doch genauer besehen werden.

§. 24.

Man findet auch *) eine Verfälschung antiker Münzen erwähnt, die darin bestehen soll, daß, mit Schonung des Gepräges der einen Seite durch Auflage auf Pappdeckel, der anderen abgefeilten Seite ein neues Gepräge mittelst Aufsetzung eines neuen Stempels und Hammerschlägen gegeben werden soll. Das kann aber nicht so sein, wie es beschrieben wird! Entweder muß die unbefeilte Seite sehr leiden, oder der neue Stempel kann nicht genug wirken, um ein scharfes Gepräge zu geben; was es angeblich doch sein soll. Ist indeß die Sache doch wirklich wahr und die Verfahrungsart nur so falsch beschrieben, daß man sie als unwahr betrachten muß, (weil sie so unmöglich ist) so muß doch der ganz verschiedene Styl der beiden Gravirungen, Anlauf-Farben u. s. w. den höchsten Verdacht erregen.

---

*) Beauvais, Art. V., der Beispiele anführt.

§. 25.

Wenn auch *) behauptet wird, daß Contrasignirte oder solche Münzen, welche auf dem Gepräge noch mit besonderen Stempeln gemerkt sind, allemal echt sein müssen, so ist davon gar kein Grund abzusehen. Es ist wahrlich die leichteste unter den Betrügereien, derlgeichen Contremarken nachzumachen! Sicherer ist es wohl, nicht darauf zu bauen und eine Münze, trotz des aufgeschlagenen Passes, der nicht vielmehr werth ist, als der Kreiselpaß der Knaben, nicht geradehin und ohne weitere Untersuchung als echt anzunehmen.

§. 26.

Endlich hegt man auch die Meinung, daß die römischen Randmünzen (Conturniati) allemal echt sein müssen. Sie sind mit einem Rande umgeben, welcher höher gehalten ist, als der mittlere Theil des Gepräges und aus anderem Metalle besteht, ohne daß man doch die Art der Zusammensetzung der ganz dicht an einander schließenden beiden Metalle — Gelberz und Kupfer — gewahrt. Es mag wohl sein, daß noch keine Münze solcher Art als falsch erkannt worden ist; daß es aber nicht falsche auf die Art gemachte Münzen geben könne, darf man nicht sagen. Diese Art zu prägen ist nicht schwierig, und auch schon in neueren Zeiten zu anderen Zwecken angewendet worden. —

*) Beauvais, Art. VI.

Der bloße gute Glauben könnte also auch hier leicht Schaden bringen.

Von der Schrift.

§. 1.

Die Schrift ist ein Fabrikmerkmal, welches dem vorigen kaum an Wichtigkeit nachsteht. Wenn, wie schon von einigen Münzstätten geschieht, die Umschrift und die Schrift- und Zahlzeichen überhaupt mit der Gravirung zugleich vom Urstempel auf alle folgende Prägestempel übertragen worden sind, so werden sie nicht bloß in der Gestalt völlig übereinstimmen, sondern auch, immer gleich, auf der nämlichen Stelle stehen, und daher auch schon durch eine, gegen die Gravirung nur etwas veränderte Stellung Verdacht herbeiführen.

§. 2.

Wenn aber auch das Letztere nicht der Fall ist, und die Umschrift findet sich dem Stempel durch einzelne Bunzen gegeben, so sind es doch immer die nämlichen Bunzen, mit welchen die Schrift eingeschlagen wird. Es müssen also nicht bloß alle gleiche Buchstaben auf demselben Stücke, sondern auch auf den übrigen echten gleichzeitigen Stücken, die man damit vergleicht, eine völlig übereinstimmende Gestalt haben.

§. 3.

Selbst wenn dergleichen Bunzen zerbrechen, pflegen sie mit Hülfe eines Urstempels ergänzt zu werden und also immer die nämliche Gestalt wieder zu erhalten. Wenigstens ist es ein großer Münzfehler, wenn nicht darauf gehalten wird, daß die Stempelschneider, von den ersten Bunzen zu einer neuen Münze, gleich vor dem ersten Gebrauche, die nothwendigen Abschläge machen, welche zum fernerweitigen Ersetzen abgehender Schriftbunzen nothwendig sind.

§. 4.

Hat hiernach die Schrift einer Müuze nicht den Charakter und die gleiche Größe und Gestalt mit derjenigen gemein, welche auf den zum Vergleich vorliegenden echten Stücken steht, so giebt dies einen bedeutenden Verdacht gegen die Echtheit der Münze. Es beweiset sogar die Unechtheit, wenn die Schrift auch zugleich so schlecht und ungeschickt gemacht ist, wie sie größtentheils auf falschen Münzen vorkommt. Ganz gewöhnlich bedienen sich die Falschmünzer künstlicher, z. B. der sogenannten Nürnberger Alphabete und Zahlen, wie sie überall zu haben sind. Wenn man sich also die Mühe giebt, diese kennen zu lernen, so giebt ihre Wiedererkennung einen Beweis mehr für die Unechtheit der Münzen.

§. 5.

Zur Erkennung gegossener Münzen führt die Ansicht der Schrift ganz besonders. Die Schrift auf

Gußmünzen ist an sich schon immer auffallend stumpf, und bei der Glanzgebung durch Schleifen oder mit dem Polirstahl ist es schon gut nicht möglich bis dicht an die Schrift heran und in die offenen Winkel derselben zu reichen, ohne die Schrift zu verdrücken und auffallend zu verändern. Die Stellen, welche von den Schriftzeichen rund umschlossen werden, z. B. das Innere des O., des P. u. s. w. sind aber auf gar keine Weise blank zu machen, weil da hinein das Polirwerkzeug gar nicht reichen kann. Die Stellen um die Schrift herum und innerhalb derselben behalten daher immer das volle, rohe, matte, leicht erkennbare Gußansehen, und gewöhnlich ist auch dabei ein und der andere Buchstabe verdrückt oder etwas vom Schleifmittel angegriffen.

§. 6.

So ist auch die Schrift der Theil des Gepräges, an welchem man am leichtesten und sichersten die Aufarbeitung antiker Münzen erkennt, wenn, wie gewöhnlich, mit dem Bilde auch zugleich die Umschrift geändert worden ist. Es geschieht dies, wie bei der Gravirung, durch Wegnahme der alten und in die Höhe treiben einer neuen Schrift, mittelst Treibebunzen, deren Arbeit dann der Grabstichel vollenden muß. Die Schriften auf den alten Münzen sind freilich an sich weder besonders elegant gestaltet, noch sauber gearbeitet. Recht oft erkennt man, daß sie in den Stempel bloß eingestochen und nicht einmal noch eingeschlagen sind. Doch sind sie immer auf der echten Münze Präge-Abdrücke eines Stempels, und es gehört wenig Uebung dazu, den Unterschied dieses Präge-Ansehens von der Spur des Treibebunzen und Grabstichels zu unterscheiden *). Innerhalb der Buchstaben wenigstens kann diese Spur eben so wenig weggeschafft werden, als die Gußspur, und auch am äußeren Umriß des Schriftzeichens wird er immer erkennbar bleiben **).

§. 7.

Bei Mittelalter-Münzen ist der Charakter der Schrift besonders wichtig zur Unterscheidung, und wird von den späteren Nachahmern derselben oft vernachläßigt. Wirklich ist es auch zu kostbar für den Zweck, sich dazu richtig gestaltete Alphabethe anzuschaffen, und daher mag es denn wohl kommen, daß die Schriftzüge auf den Nachahmungen mehrentheils gestochen vorkommen; oder, wenn sie eingeschlagen sind, einer ganz anderen neueren Zeit angehören. So kommen unter

*) Das will auch wohl Beauvais, Art. III. sagen, den im Examen· „Si toutes les lettres sont du meme gout et uniformes, si aucune necloche et si elles sortent toutes avec la meme égalité;" möchten doch auch mitunter bei echten Münzen Zweifel entstehen, wenn nicht hauptsächlich das Präge-Ansehen die Echtheit bewiese.

**) Beauvais, Art. I. giebt den modernen Charakter der Schrift als Hauptmerkmal der Paduanischen rc. Münzen an.

unter den Brakteaten Stücke vor, die man, bei der großen Mannigfaltigkeit dieser Münzart und bei übrigens gehöriger Beobachtung der, nicht immer ganz entscheidenden, Fabrikmerkmale, wohl für besonders gut erhaltene echte Stücke nehmen würde. Sie prangen aber mit einer Schrift, deren sich die heutige Medaille kaum zu schämen haben würde; und das ist außer der Zeit, der solche Brakteaten angehören sollen, und über das Talent und die Maschinen-Vorrichtung der damaligen Stempelschneider!

§. 8.

Sehr nützlich und wichtig für Forschung würde es deshalb auch sein, wenn Beschreiber von Mittelalter-Münzen nicht verfehlen wollten, den Charakter der Schriftzüge mitanzugeben. Das, was darin bis jetzt geschieht, ist nicht ausreichend. Die Ausdrücke: römische Schrift, gothische Schrift, Mönchsschrift und dergl. m. sind wohl gut, in so fern sie zur Erkennung der angeführten Münze für den Fall des Vorkommens doch etwas beitragen; aber zur genaueren Bestimmung der Münze tragen sie wenig bei! Es giebt der römischen, gothischen, Mönchs- und übrigen alten Schriftzeichen so mancherlei, daß der bloße allgemeine Ausdruck nicht einmal das Land, geschweige denn, das Zeitalter auch nur um etwas näher bestimmen kann.

§. 9.

Man pflegt es einem mit französischen Lettern geschriebenen Briefe, ohne ihn zu lesen, gewöhnlich schon anzusehen, ob er von einem Engländer, einem Franzosen oder einem Deutschen geschrieben ist. Eben so leicht erkennt man auch an der Handschrift in deutscher Schrift die Schriftzüge eines Wieners u. s. w. Ganz so, wie diese heute, hatten auch früher die Bewohner der Länder und Provinzen ihre eigene von der Gewohnheit entfernter liegender Gegenden bemerkbar abweichende Art zu schreiben. Wenn man daher auch in gewissen Zeiträumen an vielen Orten zugleich die Schriftart angewendet findet, die wir mit dem allgemeinen Namen der gothischen und Mönchsschrift bezeichnen, so sehen doch die gothischen u. s. w. Buchstaben, die man in Polen angewendet findet, weit anders aus, als die in den Rheingegenden gleichzeitig gebräuchlichen.

§. 10.

Mit der Zeit wechselten auch überall die Schriftzüge ihre Gestalt. Ganz anders sieht der gleichbedeutende Buchstabe des 16. Jahrhunderts auf der Münze und in den Urkunden aus, als der, welchen man auf der Münze und in der Urkunde derselben Gegend die über hundert Jahre älter sind. Man darf nur die Münzen vergleichen, um dies richtig zu finden; und wenn man Archive durchsieht, welche Schriften aus der frühesten Zeit bis auf die heutige bewahren, so wird man dasselbe bemerken. Hat man zu dem Letzteren nicht Gelegenheit, so geben auch die verschiedenen diplomatischen Werke, welche gedruckt vorhanden sind, davon Beispiele genug in den beigefügten, in Kupfer gestochenen Proben alter Handschriften.

§. 11.

Wäre es also möglich, bei Beschreibungen von Mittelalter-Münzen neben den übrigen Fabrikmerkmalen auch noch den Charakter der Schrift nach Beispielen zu geben, so würde das die Sache viel deutlicher bestimmen. Bei Münzen, von denen man glaubt, sie erkannt zu haben, würde dies auch ein sehr bedeutendes Mehrerkennungs- und Bestätigungsmittel durch Uebereinstimmung der Schrift mit Gegend und Zeit geben; so wie bei solchen, über welche man noch nicht einig ist, die Erkennung durch eben diese Schrift übereinstimmig herbeigeführt und sehr erleichtert werden dürfte. Es giebt schon heute solche Mittel; denn es können dazu die unbestrittenen Münzen aller Länder und Zeitalter dienen, welche, in Kupfer gestochen, in den Händen der Numismatiker sind; und außer diesen können auch zu gleichem Zwecke recht gut die in Kupfer nachgestochenen alten Schriften angewendet werden, welche, wie schon bemerkt, viele Druckschriften enthalten.

§. 12.

Wäre in solcher Benutzung erst die Bahn gebrochen, so fänden sich vielleicht auch wohl Gelehrte, welche eigene Untersuchungen über die Schriftzüge ihres Vaterlandes aus den früheren Perioden zusammenbrächten. Dabei würde dann nicht bloß der Numismatiker, sondern der Alterthumsforscher überhaupt sehr bedeutend gewinnen. Der Numismatiker besonders; denn er dürfte um so zuversichtlicher hoffen, von der Stufe des Wissens, die Mader die unterste nennt und durch falsa discernere bezeichnet, auch zu der höchsten zu gelangen, die bei Mader vera cognoscere heißt, und mit der es — mitunter nur noch so so bestellt ist!

Vom Rande auf der hohen Kante der Münzen.

§. 1.

Die besondere Wichtigkeit dieses Fabrikmerkmales zur Unterscheidung echter und falscher Münzen leuchtet sogleich ein, wenn man bedenkt: daß dasselbe schon die Entdeckung eines falschen Geldstückes herbeiführen kann, wenn man bloß eine Hand voll Geld in der Hand durchschießt, ohne noch von den einzelnen Stükken mehr als den Rand genau zu sehen. Dies ist so wahr, daß eine gewisse Art sehr zierlich nachgeahmter Brabanter und Laubthaler, die sich eine Zeitlang in den Rheingegenden stark zeigten, von den dortigen Geldwechslern schon beim Durchschießen in der

Hand am Rande erkannt und, ohne daß sie irrten, ausgeschossen wurden.

§. 2.

Oft fehlt der Rand ganz, und das ist besonders bei den gegossenen Münzen der Fall. Die Stelle, wo die beiden Theile der Form aneinander schließen, muß sich am Rande befinden. Es entsteht also dort eine Nath im Gusse, die weggenommen werden muß, und mit diesem Wegnehmen geht allemal auch die Randverzierung weg. Tritt dieser Fall ein, wo die Münze eine echte Art bedeuten soll, die nur mit Rand versehen vorkommt, so ist das Stück offenbar falsch oder durch Beschneiden oder Befeilen des Randes verringert. Ahmt dagegen die Münze eine Geldart nach, die auch bei echten Stücken ohne Randverzierung ist, z. B. alte deutsche und holländische Thaler und auch manche neuere Münzen noch, so muß man den Rand näher betrachten. Bei echten und falschen Münzen findet man ihn entweder gehämmert oder mit Durchschnitt- oder Präge- oder endlich auch Feilspur

§. 3.

Gehämmert, und also mit der Spur der Hammerschläge deutlich versehen, sind die älteren groben Münzen fast immer, weil man sie mit Hammerschlägen rund gestaltete. Das geschah aber vor dem Prägen, und durch den Druck des Prägens verschwand allemal die Auftreibung auf der Kante, welche durch die Hammerschläge nothwendig hatte erfolgen müssen. Jeder geschlagene Rand also, der denselben an der Kante sichtbar aufgetrieben hat, ist als künstlich nachgegeben und falsch anzunehmen.

§. 4.

Die Durchschnittspur ist eine ungleiche Querstreifung des Randes. Die Geldplatten werden durch ein mit scharfer Kante versehenes rundes Loch in einer Unterlage, mittelst eines passenden ebenfalls scharfen Stempels (dem Drucker) aus den Metallstreifen von paßlicher Dicke ausgeschlagen oder gepreßt. Dabei verlieren die schneidenden Werkzeuge bald ihre erste Schärfe und schneiden so streifig, als etwa ein Messer auf Metall zu schaben pflegt. Der Druck des Prägewerks giebt dann der Kante auch wohl noch eine besondere Schärfe!

Dies Ansehen, welches man besonders bei den preußischen $\frac{1}{6}$ bis zu den kleinsten Münzen aus der Zeit des Königs Friedrich II. bemerken kann, kommt wohl auch bei einigen falschen geprägten Münzen der gefährlicheren Art vor; den gegossenen falschen Münzen muß es aber nothwendig abgehen, die also auch hieran zu erkennen sind.

§. 5.

Prägespur ohne Verzierung zeigen nur neuere in einem Ringe geprägte Münzen mancher Art, z. B.

die preußischen Silbergroschen. Die regelmäßige Fläche des Randes, der winkelrecht zur Prägeebene steht, und so auch seine Reinheit, Dichtigkeit und Glätte, welche selten mit einer feinen Streifung abwechselt, machen diese Art der Randgebung äußerst kenntlich. Die künstliche Nachahmung erkennt man dagegen auf den Blick, weil sie mit der Feile gegeben zu sein pflegt, und also Feilspur hat. Geprägte falsche Münzen kommen aber auch mit ähnlicher Vorrichtung wie die echten geprägt vor, und sind dann natürlich an diesem Merkzeichen nicht zu unterscheiden.

§. 6.

Die Feilspur, die bei echten Umlaufsmünzen vorkommen kann, wenn sie am Rande lädirt und wissentlich verringert sind, findet man häufig bei falschen Münzen da, wo dieselben nach vorigem §. die Prägerandspur nachahmen soll; oder auch, wo dem Falschmünzer das Geschick fehlte, einen verzierten Rand nachzuahmen. Die Feilung kann, wenn das Stück nicht eckig werden soll, nicht quer geschehen, sondern längs des Randes; daher erkennt man die Feilrisse, die an sich schon kenntlich genug sind, auch nur der Länge des Randes folgend und also in einer Richtung, die bei keiner echten unlädirten Münze vorkommen kann.

§. 7.

Es pflegen auch die Falschmünzer öfters ihren Münzen die Nachahmung verzierter Ränder zu geben, und sie sind dann eingefeilt, eingestochen, eingeschlagen oder eingedrückt.

§. 8.

Eingefeilt findet man die Ränder bei Nachahmungen oder Verringerungen solcher Münzen, die einen geraden oder schrägen Kerbrand haben, z. B. einige Dukaten, die preußischen Thaler von Friedrich dem Großen u. a. m.

Bei Dukaten und dünneren Münzen verräth sich diese Einfeilung gewöhnlich schon durch den schillernden Glanz der Feilspur in den Tiefen; zugleich aber aber auch durch die ungleich weite Kerbung, die, mit der Maschine gegeben, immer Einschnitte von genau gleicher Stärke und genau gleich weit auseinander stehend giebt. Bei dickeren Münzen, die nicht im Ringe geprägt sind, wird dieser Rand aber auch während des Prägens auswärts gebogen rundlich; weil im Prägen die Oberfläche der Platte mehr zusammengehalten wird, als die Mitte der Dicke, das Metall also an dieser Stelle excentrisch dem Drucke weicht, und dadurch den Rand rundlich macht. Gewöhnlich sind dagegen die gefeilten Ränder eben; weil die Wegnahme der Gußnath schon viel wegnimmt und daher von der Kante nichts mehr weggenommen werden darf, um das Halbrunde wieder herzustellen. Im Ringe kerbig gemachte Ränder, die immer quer winkelrecht gehen, wie z. B. auf den neueren hannöver'schen Pistolen, ist zwar der Rand auch winkelrecht, aber der gefeilte Rand ist schillernder und ungleicher, als er hier erscheint.

§. 9.

Der eingestochene Rand kann, der Natur der Arbeit nach, nicht anders als so schlecht ausfallen, daß es kaum eines Vergleichs mit irgend einem echten Rande bedarf, um die falsche Münze daran zu erkennen. Ueberdem ist er auch stets mit der Feilspur verbunden.

§. 10.

Ganz so ist es auch mit dem eingeschlagenen Rande. Er muß dabei auch noch den Rand allemal auftreiben, wenn dem nicht durch Feilen und Stechen nachgeholfen ist; was denn auch nicht täuschender aussieht.

§. 11.

Der eingedrückte Rand ist der gefährlichste! Es giebt eine Vorrichtung, deren Beschreibung hier nicht passen würde, um Ränder aller Art sowohl solchen Münzen zu geben, die bei der Fabrikation ihn nicht erhalten haben, als auch solche wieder damit zu versehen, welche man durch Beschneiden und Befeilen des Randes verringert hat. Manche dieser Ränder sind wirklich so täuschend, daß man aufmerksam sein muß, um sie zu erkennen. Unfehlbar muß aber das Eindrücken eines solchen Randes ein Auftreiben der Kante zur Folge haben. Dies bewirkt dann auf der Ebene der Münze an den Stellen dicht an der Kante eine schmale wellige Erhebung, die mit dem übrigen Präge-Ansehen der Münze nicht in Uebereinstimmung steht, und das ist das einzige, aber auch sichere Merkmal dieser Fälschung. Es muß eintreten, wenn der Rand vollkommen gegeben wird, und wo es nicht eintritt, da wird man auch den Rand unvollkommen und unterscheidbar finden. Zweckwidrig wäre es und die Kunst verrathend, wenn der Grund angeführt würde, weßhalb der Strich-, Ketten-, Tulipanen-Rand und dergleichen ähnliche Verzierungsränder aus sich wiederholenden gleichen Figuren immer häufiger, besser und treuer auf diese Art nachgeahmt gefunden werden, als der Schriftrand, besonders der erhoben geprägte Schriftrand des Prägeringes, den unsere neueren Münzen haben. Gewiß ist es aber, daß Nachahmungen der letzteren Randversicherungen weit leichter zu erkennen sind, als die der bloß bunten Ränder. Die Regeln, welche für Unterscheidung von Gravirung und Schrift gegeben sind, helfen hier sehr, und es fällt auch bei faschen Münzen mit Schriftrand die aufgetriebene Kante viel merkbarer in's Auge.

§. 12.

Die gefährlichste Art der falschen Münzen, welche größtentheils aus England zu uns kommen, und mit vortrefflicher Einrichtung geprägt sind, täuscht auch in Hinsicht des Randes. Er wird in diesen Werkstätten ganz so gegeben und das Gepräge ganz so behandelt, als in gut eingerichteten Münzwerkstätten, und muß also auch gleiche Fabrikmerkmale haben. Der Gravirungs-Unterschied bleibt aber auch als Unterscheidungsmerkmal und lehrt immer das Falsche vom Echten nnterscheiden; und außerdem auch, fast ohne Ausnahme, die Farbe des Randes.

§. 13.

In der Regel weicht diese Farbe von der vorwaltenden Farbe der Münze sowohl, als von der Farbe des Randes auf der echten Münze ab. Sind die falschen Münzen vergoldet oder versilbert, so ist es schwer, dem Rande die gleiche Sorgfalt mit Erfolg zuzuwenden, als der Fläche, und er erscheint, wenn er nicht gekratzt ist, in einem fremden Farbentone, wenn er aber gekratzt ist, überdem auf besondere Art schillernd. Bestehen die Geldplatten aus, mit Gold oder Silber plattirtem Metall, so liegt die Plattirung nur auf den beiden Flächen; die ausgeschnittene Platte muß aber da, wo sie abgeschnitten ist, die natürliche Farbe des Metallskerns zeigen. Hilft man dem Uebel durch Färben des Randes mittels Vergoldung oder Versilberung ab, so wird er wohl gelb oder weiß, aber ganz anders im Farbenton, als die plattirten Flächen. Bald läuft diese Farbe dann auch ab, weil sie nur dünn aufliegt und der Rand einer Münze am schnellsten leidet; und zeigt noch abweichendere Farben.

Immer wird eine oder die andere dieser Randfärbungen erkennbar sein und noch vielmehr auffallen, wenn sie zwischen echten Stücken erscheint, die in der Hand durchgeschossen werden, und also mit der echten Randfarbe die falsche Farbe, diese noch mehr heraushebend, einfassen.

Die einzige Ausnahme hiervon geben nur solche Goldmünzen und größere Silbermünzen, deren Rand ebenfalls ein Ring von Gold oder Silber umfaßt. Bei diesen bleibt der Untersucher allein auf den Gravirungs-Unterschied angewiesen.

§. 14.

Wie wichtig bei antiken Münzen die genaue Untersuchung des Randes ist, wurde schon oben angeführt, und es ist dort auch der verschiedenen Arten Erwähnung geschehen, deren man sich zur Nachahmung der echten Ränder bedient. Hier sei es noch erlaubt, zu bemerken, daß in Beschreibungen älterer Münzen mit Unrecht gewöhnlich nur dann des Randes auf der hohen Kante Erwähnung geschieht, wenn etwa eine Legende darauf steht, und auch dann nur oberflächlich und ohne weitere Angabe des etwa Charakteristischen. Die Erwähnung wäre doch wirklich nicht überflüssig!

§. 15.

Um nur ein Hauptbeispiel anzuführen, von welchem bedeutenden Nutzen sie für Erkennung und Bestimmung sein kann, so bedarf es nur des Blickes auf die ganz eigenthümliche Art der Münzen, welche gewöhnlich mit dem Namen Wendenmünzen bezeichnet werden. Der hoch aufgetriebene dünne Rand, welcher beide Seiten des Gepräges, dasselbe oft zum Theil verdrückend, gleich dem Rande einer Schachtel umschließt, ist ihr wesentliches Merkmal, und unterscheidet sie am auffallendsten von Kaiser- und Herrenmünzen, denen sie, den aufgeprägten Bildern nach, zum Theile sehr gleichen.

Eben diese Art der Randgebung ist aber auch zugleich ein Fabrikmerkmal, welches wohl noch zu weiterer Kenntniß führen dürfte. Denn wirklich kommt es, jedoch nur in minder auffallender Anwendung, auch bei Kaiser- und andern Münzen vor, deren gewöhnlicher Fundort doch sehr weit von den Marken, Pommern und Meklenburg ist, wo die Wendenmünzen gefunden werden, die aber doch gewöhnlich auch, mit Wendenmünzen gemischt in diesen Gegenden vorkommen.

§. 16.

Ein näheres Beispiel geben auch selbst die preußischen Thaler! Wer erkennt nicht beim Durchschießen schon am Rande, welche Thaler der Regierungszeit Fridrichs des Großen, Königs Friedrich Wilhelm I. oder der heutigen Zeit angehören!

Als besondere Erkennungszeichen, die nur bei Silbermünzen vorkommen, sind noch zu betrachten: das Anfühlen, der Geruch und der Geschmack.

Von dem Merkmale durch Anfühlen.

§. 1.

Wie sich eine echte Silbermünze anfühlt, wenn sie rein und nicht etwa durch Säure-Einwirkung oder Fettigkeit auf der Oberfläche verändert ist, kann Jeder im Augenblick erfahren. Eben so fühlen sich wohl auch unter gleichen Umständen falsche geprägte versilberte oder plattirte Silbermünzen an; die übrigen aber sind insgesammt schon am Gefühle zu erkennen. Sie zeigen beim Anfühlen entweder eine rauhe und trokkene Oberfläche, oder sie fühlen sich besonders glatt, fettig, schlüpfrig oder selbst schmierig an.

§. 2.

Rauh fühlen sich alle aus harten Metallen gegossene Müuzen an; weil sie Gußoberfläche (§. 6, S. 79.) haben, nnd wenn auch die Flächen geschliffen sind, so bleibt das rauhe Anfühlen doch der matten Gravirung.

§. 3.

Trocken fühlen sich die Nachgüsse in grauen Metallen an, z. B. in Schriftzeug; da, wo sie polirt sind, aber dagegen auffallend glatt.

§. 4.

Besonders glatt sind die Münzen anzufühlen, welche man nach der Gestaltung versilbert und gescheuert hat. Jede Versilberung, die nicht hernach geprägt ist, giebt dies Anfühlen, und es wird auch nicht durch Gnibbelpolitur (§. 12, S. 69.) geändert.

§. 5.

Fettig fühlen sich alle falsche Münzen an, welche in Zinn oder Zinngemischen gegossen sind, so wie das Zinn und dessen Versetzungen auch an sich selbst fettig anzufühlen sind.

§. 6.

Schlüpfrig anzufühlen sind alle falschen Münzen aus harten Metallen, welche mit Quecksilber oder Quecksilberpulver weiß gerieben sind. Es verbindet sich dies Metall nicht leicht mit der Masse der Münze, liegt gewissermaßen flüssig darauf und giebt dies Anfühlen. Um es kennen zu lernen, darf man nur eine Kupfermünze mit Mützenpulver bereiben.

§. 7.

Schmierig wird dieselbe Ueberziehung mit Quecksilber sich beim Anfühlen zeigen, wenn die Masse der Münze ein weiches Metall ist.

Das Quecksilber vereinigt sich mit den grauen und weißen Zinn- und Bleimischungen so gern und leicht, daß es bald einzieht, und wenn dann auch die

Oberfläche matt wird, so ist sie dabei doch vom Queck-silber so aufgeweicht, daß sie sich schieben läßt, und dabei auf Augenblicke Glanzstellen zeigt.

Von dem Geruch bei Münzen.

§. 1.

Man ist gewöhnlich der Meinung, daß die Metalle geruchlos sind. Wenn man sie aber reibt, so wird allerdings ein Geruch bemerkbar, der bei dem einen Metalle stärker, bei dem anderen schwächer, aber immer unterschieden ist. Besonders stark bemerkbar, aber ganz von einander verschieden ist der Geruch, welcher an den Fingern haftet, wenn man damit eine Zinn-platte, eine Kupferplatte oder eine Platte von Glocken-gut gerieben hat. Gold und Silber in feinem Zustande lassen dagegen fast gar keinen Geruch an den reibenden Fingern zurück und die geringen Silberlegirungen nur einen ganz eigenthümlichen, der ganz von dem unterschie-den ist, welchen Zinn, Glockengut und ähnliche Gemische geben. Diese Erfahrung gewährt ein Unterscheidungs-merkmal, welches dadurch noch wichtiger und bedeu-tender wird, daß es in der Dämmerung oder Finster-niß beobachtet werden kann.

In Verbindnng mit dem Vorigen und Nächsten wird es ziemlich immer gegen Betrug mit falscher Münze schützen, und mit Uebung und Zuhülfnahme

des

des Gewichts auf der Hand, lernt man sogar Gold und Silber durch diese Merkmale im Finstern so unterscheiden, daß man sich nicht leicht in den Schaden bringen wird, Gold für Silbergeld wegzugeben.

Vom Geschmack der Münzen.

§. 1.

Fühlt man sich auf den ersten Augenblick schon zum Lächeln geneigt, wenn man den Geruch als Merkmal bei Münzen aufgeführt findet, so muß die Neigung zum Lachen wachsen, wenn man nun auch gar den Geschmack als solches angegeben findet. Man soll die Münzen kosten, um zu schmecken, ob sie echt oder falsch sind! Das klingt freilich lächerlich, und ist bei ungereinigten Münzen auch sonst noch eine eigene Zumuthung. Nichts desto weniger ist das Merkmal doch ein sehr gutes Merkmal, und mag man sich also bei verdächtigen Münzen die Mühe nicht verdrießen laßen, sie abzuwaschen und zu kosten. Das Lachen dabei schadet der Sache nicht und kann nach Belieben Statt finden.

§. 2.

Wenigen wird es unbekannt sein, daß, wenn man ein Stäbchen oder Plättchen von Zinkmetall zugleich mit einem, damit in Berührung gesetzten, Plättchen von anderem Metalle an die Zunge bringt, die letztere ein Stechen fühlt, welchem ein saurer Geschmack folgt, der dem der Metallsalze ähnlich ist, und lange auf der Zunge bleibt.

Jedes Metall, welches man erwählt, giebt bei diesem galvanischen Prozeß einen anderen, merkbar verschiedenen Geschmack, und die ähnliche Wirkung bleibt auch, wenn man anstatt des Zinkes ein anderes Metall wählt; sobald man nur eine Art Metall auf, die Andere aber unter die Zunge schiebt und dann die Plättchen einander nähert.

§. 3.

Wenn man aber auch gar kein Metall unter die Zunge legt, sondern ganz einfach nur ein reines Stück Metall, Gold oder Anderes, fest auf die nasse Zunge drückt, eine kurze Zeit ruhen läßt, dann wegnimmt und die Zunge darauf so an den Gaumen drückt, als ob man kosten wolle; so wird man allemal ähnliche Wirkung spüren. Gold wird am wenigsten Geschmack geben, Silber einen mehr säuerlich stechenden, Kupfer einen zusammenziehend bittern Geschmack nachlassen u. s. w. Versucht man es dann auf die nämliche Art auch mit Blei, Zinn, Glockengut und dergl. m., so wird man bald finden: daß man recht wohl auch im Finstern Gold und Messing, Zinn und Silber und andere Metalle mehr durch Kosten unterscheiden kann.

Zweite Abtheilung.

Physische Merkmale zur Untersuchung echter und falscher Münze.

§. 1.

Diese Art der Merkmale sollen sich, wie schon bemerkt worden ist, von den äußerlichen oder Fabrik-Merkmalen dadurch unterscheiden, daß zu ihrer Auffindung mehr als die Anwendung der äußeren Sinne erforderlich ist, und daß man dabei nothwendig des Geräths, Werkzeuges, mechanischer Hülfsmittel überhaupt bedarf, ja mitunter auch selbst einer gewissen Einübung. Man bedarf zwar allerdings auch zur genauen Bestimmung einiger der äußerlichen Kennzeichen, z. B. der Dicke und Größe, eines Geräthes (Maaßes), doch ist es da nur zur genauern Bestimmung und nicht zur Bestimmung überhaupt nothwendig.

§. 2.

Diese Merkmale führen wohl zur noch sichereren Erkennung der falschen Münzen, als die Fabrik-Merkmale, oder sie bestätigen vielmehr und beweisen unwidersprechlich die Unechtheit einer Münze, welche man als solche, nach den äußeren Merkmalen erkannt hat; da aber die Fabrik-Merkmale schon an und für sich zur Erkennung genügen und immer und zu jeder Zeit zu beobachten sind; so verdienen sie, obwohl zum Theil weniger zur Beweisführung geeignet, doch den Vorrang.

§. 3.

Die physischen Merkmale einer Münze sind:

das absolute Gewicht, oder die Schwere,
das spezifische Gewicht, oder die Eigenschwere,
die Geschmeidigkeit und Biegsamkeit,
der Klang,
das Verhalten bei dem Glühen.

Vom absoluten Gewicht.

§. 1.

Das absolute Gewicht oder die Schwere wird durch die ganz gewöhnliche Wägung auf einer genauen Waage ausgemittelt. Der Ausdruck derselben ist die Summe der Gewichtsstücke, welche man gebraucht hat, um die Waage einstehend zu machen.

§. 2.

Zur Unterscheidung echter und falscher Münzen ist dies Merkmal mehrentheils von großem Nutzen. Die mehresten Gold- und Kurrent-Münzen sind justirt; d. i. Stück für Stück auf ein genau gleiches Gewicht gebracht, und haben also auch, jede Art für sich, ihr immer gleiches Gewicht mit nur geringer Abweichung; falsche Münzen haben dagegen diese Eigenschaft sehr selten. Wo es der Fall ist, werden sie, bei richtigem Gewicht, allemal zu dick oder zu groß seyn müssen, weil nach oben immer nur gleiches Metall, bei gleichem Gewichte; auch gleiche Größe und Dicke haben kann.

§. 3.

Es giebt aber auch echte Münzen, welche nicht gleich wiegen; obwohl sie zu einer Gattung gehören und das gleiche Gepräge zeigen. Dahin gehören unter den goldenen die antiken Goldmünzen, die holländischen Dukaten, die türkischen Zerimahbub und Fonduc, und noch einige Arten außereuropäischer Goldsorten. Unter den Silbermünzen sind insgesammt alle antike Silberstücke, die ganz alten Thaler und die Münzen vom Mittelalter her bis vor etwa hundert Jahren, ungenau im Gewicht. Endlich sind auch die antiken Erzmünzen, die Scheidemünzen mit Ausnahme einiger Neueren, und alle Kupfermünzen im Gewichte verschieden.

§. 4.

Vorsätzlich sind diese Münzen nicht ungleich gehalten, sondern nur nicht einzeln gestückelt; d. h. Stück für Stück genau auf ein bestimmtes Gewicht gebracht. Man war einestheils noch in der Münztechnik weiter zurück und kannte die heutigen Hülfsmittel nicht; anderntheils aber wäre, namentlich bei kleinen Münzen, die einzelne Stückelung zu kostbar geworden. Man mußte sich daher begnügen, nur darauf zu halten, daß die Geldstücke in der Maße (al marco) das vorschriftmäßige Gewicht erhielten; also der eine Theil um so viel zu schwer wurde, als der andere zu leicht. Wenn ein Münzmeister eine Geldlieferung machte, welche im Ganzen — jedoch in vorgeschriebener Begränzung — zu leicht oder zu schwer gefunden wurde, so war derselbe dann auch verpflichtet, die gefundene Differenz in nächster Ablieferung wieder auszugleichen, und das Geld würde dann durcheinander gemischt.

§. 5.

Diesem Umstande und dem späteren Abgehen von der Gewohnheit, Geld in Summe einander zuzuwiegen, ist die Entstehung der Kipper- und Wipperei zu danken, die ganz einfach sich damit beschäftigte, unjustirte Münzen von gutem Gehalte einzuwechseln, so wie sie die Münzstätte verlassen hatten, und die schweren Stücke durch Wägen auszusondern (auszukippen). Die Ueberwichtigen, welche dadurch schmelzenswerth waren, schmolzen die Kipper ein; die leichten schoben sie in den Umlauf zurück, und machten dadurch, gegen den Willen der Regierung, die Umlaufsmaße des Geldes weniger werth, als sie gesetzmäßig bestimmt und ausgegeben worden war. Beiläufig bemerkt, ist dies auch mit den Preußischen ältern $\frac{1}{6}$ Stücken von Friedrich II. geschehen, die al marco geprägt sind. Oefters ausgekippt, und überdem noch im langen Umlauf etwas leichter geworden, müssen sie natürlich jetzt leichter sein, als die neueren justirten $\frac{1}{6}$, ohne daß doch die Regierung sie ursprünglich geringerwerthiger ausgeprägt hat

§. 6.

Geringe und unbedeutende Gewichts-Abweichungen können sich wohl auch bei justirten Münzen finden. Deshalb und mit gleichzeitiger Berücksichtigung der. Abnutzung im Umlauf, hat man auch wohl bei Goldmünzen das gesetzliche Passirgewicht eingeführt, welches angiebt, um wieviel eine Goldmünze leichter sein kann, ohne als unterwerthig gerechnet werden zu dürfen. Solche unbedeutende Abweichungen kommen daher: daß man den Münzen das erforderliche Gewicht nicht gleich genau, sondern etwas überwichtig mit Rechnung auf den Beitz-Abgang bei dem Reinbeitzen geben kann; die Beitze wirkt dann aber nicht auf alle Stücke ganz gleichförmig und daher bleiben in der Masse immer einige Stücke etwas überwichtig, wenn dagegen andere etwas leichter werden.

§. 7.

Bei Beschreibungen falscher Münzen ist die Gewichtsangabe, in Zusammennahme von Größe und Dicke immer nöthig! An der Stelle ist es aber hier auch zu bemerken: daß es gewiß gut wäre, wenn auch keine echte Münze, ohne ganz genaue Beibemerkung ihres Gewichts beschreiben würde.

§. 8.

Bei antiken Münzen, wenn gleich sie fast niemals ein genau gleiches Gewicht haben, würde die Gewichtsangabe ungemein zur Erkennung überhaupt beitragen, und ganz besonders auch zur besseren Kenntniß des alten Münzwesens.

Gewiß haben die Alten auch al marco gestükkelt und aus einem bestimmten Gewichte Metall eine bestimmte Anzahl Münzen geprägt! Wüßte man daher erst von einer großen Masse gleichnamiger und gleichhaltiger Münzen die einzelnen Gewichte, so müßte sich, wenn auch nicht Eine der Andern an Gewicht gleich käme, doch ein Durchschnitts-Münzfuß ergeben. Er würde das, was darüber schon mehrere tüchtige Gelehrte ausgemittelt haben, theils bestätigen, theils widerlegen; in der Kenntniß aber immer weiter führen. Da man jener Zeit die Münzen zuwog und nur im Einzelnen zuzählte, so ist auch das Auskippen wohl damals noch nicht so gemein gewesen als späterhin; das Durchschnittsgewicht würde also der Wahrheit gewiß sehr nahe kommen. Vielleicht würde es auch selbst durch eine Menge der einzelnen Münzen bestätigt, die das richtige Gewicht erhalten, und als Mehrzahl beweisen würden, daß die mehr- oder minderwiegenden Stücke zu den Abweichungen von der Regel gehören. Ganz denselben Nutzen würde solche genaue Gewichts-Angabe auch und in noch höherem Grade, bei Beschreibung von Mittelalter Münzen gewähren und überhaupt immer das Bild der Münze anschaulicher machen.

§. 9.

In den Beschreibungen der besseren und neueren Numismatiker findet man auch die Gewichtsangaben schon recht oft. Erlaubt sei es aber, zu bemerken, daß sie noch nicht ganz zweckmäßig, und für den Münzmann, der doch hier mit berücksichtigt werden muß, nicht genau genug gegeben sind. Manche bestimmen nach gewöhnlichem Waaren-Gewicht. Das ist aber örtlich, und das Verhältniß, das genaue wenigstens nicht überall leicht auszumitteln. Ueberdem ist das gemeine Gewicht, wenn auch genau richtig, doch selten in so kleine Theile abgetheilt, daß nicht für den Münzmann eine noch viel genauere Angabe nothwendig wäre. Andere bestimmen nach Granen, und oft wohl gar ohne nähere Bezeichnung der Art der Grane; bekanntlich giebt es aber deutsche, französische und noch manche andere Gewichte, die Gran heißen, aber nicht gleich wiegen, und die kleinsten derselben sind noch lange nicht als Münzgewichts-Einheit zu brauchen. Wenn z. B. ein Stück 6 deutsche cöllnisches Gran schwer angegeben ist, aber genau 8 Richttheile weniger wiegt, so wird die Stückelung nach der

Angabe nur 640 Stück aus der Mark geben, da doch nach dem genauen Gewichte 693½ Stück aus der Mark gemünzt worden sind.

§. 10.

Viel besser würde es sein, wenn man sich eines bestimmten, bleibenden und überall bekannten Münzgewichtes bedienten, und dazu ist das cöllnische Richtpfennig-Gewicht eines der geeignetesten. Das französische Grammen-Gewicht taugt weniger zum Zwecke, weil die Centigramme noch fast 3 Richttheilen gleich kömmt, also nicht klein genug zur Einheit ist, die Milli-Gramme dagegen aber nur $\frac{3}{10}$ Richtheile wiegt, und also nur für wenige Wagen noch als bemerkbarer Gewichtstheil brauchbar ist. Das cöllnische Richtpfennig Gewicht, feststehend in sich und unveränderlich durch sein fest bestimmtes Verhältniß zum Grammen-Gewicht (280,4218 Richttheile = 1 Gramme) theilt sich in 65,536 Richttheile. Es giebt also gerade eine nicht zu große und nicht zu unbequeme Einheit, ist in der ganzen Welt von den Münzverständigen gekannt und würde alle Bedingungen erfüllen.

§. 11.

Bei einfacher Wägung eines Stückes würde man dann nur bloß nach Richttheilen angeben. Sollen aber größere Quantitäten bestimmt werden, so ließe sich darauf auch leicht ein so lang gewünschtes, überall verständliches, und leicht auf anderes Gewicht überzurechnendes allgemeines Münz-Decimal-Gewicht gründen, dessen Einheit der Richtpfennig bleibt.

§. 12.

Ein Münz- oder Richtpfund würde sich dann nach folgendem Schema gestalten und abtheilen:

Richtpfund.	Richtmark.	Richt-Unze. Zehner.	Hunderter.	Tausendter.	10 Tausendter.	Richttheile.
1	2	10	100	1,000	10,000	100,000
	1	5	50	500	5,000	50,000
		1	10	100	1,000	10,000
			1	10	100	1,000
				1	10	100
					1	10

Mit einem Gewichtskästchen, von der Richt-Unze oder dem Zehner abwärts, was so theuer nicht ist, würde jeder Numismatiker auskommen, und könnte dann die Münzen, die er beschreibt, im eben so genauen als allgemein verständlichen Gewichte angeben.

§. 13.

Mit den übrigen Hauptgewichten würde dies Richtpfund sich durch seine Einheit, dem Richtpfennige, leicht vergleichen; denn fast jedes kaufmännische Handbuch giebt die übrigen Gewichte in Richtpfennigen ausgedrückt an. Das Oesterreich-Lombardisch-Venetianisch-metrische Pfund allein kann in den nicht ganz neuen Werken solcher Art fehlen, da es nicht lange erst eingeführt ist; die Vergleichung mag also hier Platz finden. Nach der Wiener Zeitung vom 4. November 1823 vergleicht sich dies metrische Pfund mit drei Mark, neun Loth und 48 Richtheile des Wiener Markgewichts, und da dieses sich zum cöllnischen verhält, wie genau 5 zu 6, so wiegt es 280,224 cöllnische Richtpfennige.

Vom specifischen Gewichte oder der Eigenschwere.

§. 1.

Das zweite physische Kennzeichen ist das specifische Gewicht oder die Eigenschwere; das heißt: der Unterschied des Gewichts, welchen Körper von gleichem Umfange, aber verschiedener Masse bemerken lassen, wenn man sie auf die Waage legt.

§. 2.

Bildet man sich überall gleiche Gestalten, z. B. Würfel von genau gleicher Größe, aus reinem Golde, Silber und Kupfer, so wird man finden, daß, wenn das Stück Gold etwa 19,500 Gewichtstheile wiegt, das Silber nur etwa 10,500, das Kupfer gar nur 8,900 der nämlichen Gewichtstheile wiegen wird. Es ist dies die Folge der in einem Körper enger als in dem anderen zusammengedrängten wiegenden Theile, und eben daher wird auch das Gewicht eines solchen Körpers bei gleichem Raume noch bedeutender, wenn man Mittel anwendet, die wiegenden Theile noch enger zusammen zu drängen. So z. B. wird ein Stück dicht zusammen geschlagenes oder geprägtes Gold 19,600 wiegen, wenn ein Stück gewöhnlich dichtes, ausgeglühetes Gold von der genau gleichen Größe nur 19,400 etwa wiegt.

§. 3.

Diese eigenthümliche Schwere immer nur auf dem Wege der gleichen Gestaltung auszumitteln, würde sehr mühsam, oft auch, der mechanischen Schwierigkeiten wegen, ungenau sein; man hat aber bequemere Wege dazu erfunden.

Das Wasser läßt sich nicht zusammenpressen und zeigt, bei gleicher Temperatur, immer die nämliche Eigenschwere. Dieser Eigenschaft wegen hat man das Wasser zum Maaßstabe der Eigenschwere aller übrigen Körper gewählt, indem man es als 1 oder 10 oder 100 oder 1,000 betrachtet und danach die Eigenschwere der übrigen Körper in Verhältnißzahlen angiebt. Wenn man also angegeben findet: eine Art Gold sei gefunden worden in Eigenschwere von 19,645 oder 196,45 oder 1964,5 oder 19645; so heißt das: die Eigenschwere des Goldes zum Wasser verhält sich wie

19,645 zu 1, oder wie

196,45 zu 10, oder wie
1964,5 zu 100, oder endlich wie
19645 zu 1000,

oder, was dasselbe ist, das Gold ist $19\frac{645}{1000}$ mal schwerer als ein gleich großes Volumen-Wasser u. s. w.

§. 4.

Wendet man diese allgemeine Eigenschaft der Körper auf Ausmittelung der Echtheit oder Unechtheit einer Münze an, so ergiebt sich leicht, daß dies zur untrüglichen Erkennung aller unechten Goldmünzen führen müsse und daß hiervon nur die Beischläge ausgenommen werden können, welche, aus besonderen Ursachen, von eben der Metalllegirung geprägt sind, als die echten Gepräge enthalten. Allemal wird die Münze aus unedlem Metalle sich hierbei durch sehr bedeutend zu geringe Eigenschwere zu erkennen geben, und darum kann man auch niemals mit antiken oder nicht antiken Goldmünzen betrogen werden, wenn man sich dieses Untersuchungsmittels bedient. Es braucht eine falsche Goldmünze auch nicht einmal von unedlem Metalle zu sein, sondern nur gegoßen und nicht geprägt, um erkannt zu werden; denn geprägtes, also zusammengepreßtes Gold ist allemal von viel größerer Eigenschwere, als der viel schwammigere kristallinische Guß. Dieses Prüfungsmittel bestätigt vollständig alle die Erkennungszeichen, welche unter den Fabrikmerkmalen angeführt sind, und hilft also in den

Fällen den Beweis geben, wo die eigentliche Probirung nicht möglich ist.

§. 5.

Unter den Silberlegirungen giebt es einige, welche weniger auffallend in Eigenschwere von den Mischungen abweichen, deren man sich zur Nachahmung bedient. Die letzten haben aber alsdann eine höchst abweichende Farbe und sind auch mehrentheils nicht prägbar, sondern nur in Guß anzuwenden, der sich dann nach den gegebenen Merkmalen und dem, was weiterhin noch vorkommen wird, leicht genug erkennen läßt.

§. 6.

Zur Ausmittelung der Eigenschwere giebt es mancherlei Verfahren, die man in jedem Lehrbuche der Physik genügend angegeben findet. Hierher gehören nur die beiden Verfahren, welche sich für den vorliegenden Zweck als die sichersten und zugleich einfachsten in oft wiederholten Versuchen bewährt haben; nämlich:

die Wägung in der Büchse auf gewöhnlicher Waage und

die Wägung im Wasser unmittelbar.

Der Verfasser dieses eignet sich zwar nicht die Erfindung dieser Verfahren an; die bessere Benutznng, die bequeme Anwendung für den vorliegenden Zweck darf er sich aber aneignen.

§. 7.

Zur Wägung in der Büchse hat man einige Döschen oder Büchsen, wie die auf der Tafel Fig. III. A im Ganzen und geschlossen, so wie B und C geöffnet abgebildete, nöthig. Es kömmt sehr wesentlich darauf an, daß sie so leicht gemacht werden, so wenig wiegen, als möglich, und deshalb ist es eben nöthig, daß man etwa 4 Größen habe, um sie bei dem Versuche nicht größer nehmen zu müssen, als es die Größe der Münze gerade nöthig macht. Sie müssen aus Metall gearbeitet sein, welches fest ist und nicht leicht rostet. Am besten wählt man geschlagenes Silber oder vergoldetes Messing, weil diese die leichtesten Metalle unter den anwendbaren sind. Innerhalb ist die Büchse ausgedreht und nur so hoch, daß eine Münze darin bequemen Raum hat; doch müssen die Kanten weder am Deckel, noch in der Büchse scharf sein, damit man sie bequem und vollständig mit einem Tuche austrocken kann. Aus gleichem Grunde wird auch die äußere Seitenwand rundlich und so gehalten, daß sie mit keinem scharfen Winkel an die 6 oder 8 eckigen Ränder der Büchse und des Deckels anschließt. Der Boden C, der Deckel B, und die Seiten werden so dünn ausgedreht, als nur ohne leichtes Verbiegen geschehen kann; zur Vermeidung des Verbiegens wird aber der achteckige Rand stärker gehalten, den man zum Auf- und Zuschrauben der Büchse braucht und nicht immer ganz sanft anfassen kann. Er ist es, der der ganzen

Büchse

Büchse die Hältniß giebt. — Der Deckel wird, mittelst eines Schraubengewindes an seinem Ansatz, in die untere Büchse geschraubt und muß dann ganz genau und luftdicht anschließen; doch muß dies Gewinde nicht fein, sondern so grob sein, daß es nur das Einpassen befördert und durch den Widerstand anzeigt, daß die Büchse fest verschlossen ist. Ein fein Gewinde hat ein sehr beschwerliches Einpassen zur Folge; wollte man das Gewinde aber ganz weglassen, so würde das mit Wasser gefüllte Döschen sich schwer öffnen und dabei leicht verbogen werden.

§. 8.

Außer diesen Geräthen hat man eine Waage nöthig, welche zwar möglichst scharf angeben muß, dabei aber doch nicht zu leicht gebaut sein darf; weil man Thaler und überhaupt eine Masse von etwa drei Lothen darauf zu wiegen hat. Der zu dünne Balken würde federn und die Waage also unrichtig werden. — Als Gewicht bedient man sich am bequemsten und auch ausreichend des schon erwähnten Richttheil-Gewichts.

§. 9.

Soll, mit diesen Vorrichtungen, die Eigenschwere einer Münze untersucht werden, so beginnt man das Geschäft damit, daß man unter Wasser die offene Büchse, die sich dabei mit Wasser füllt, zuschraubt, herausnimmt, sehr gut mit einem Leinentuche abtrocknet und genau wiegt, das Gewicht aber bemerkt. Dabei ist die Vorsicht anzuwenden, daß man, wenn sich die Büchse und der Deckel mit Wasser füllen, darauf achtet, daß nicht Luftblasen bleiben, die sich häufig ansetzen und öfters auch noch ein Paar Sekunden später aus dem Metalle entwickeln. Man nimmt sie mit dem Barte einer Feder so lange weg, bis sich keine neuen mehr zeigen, und darf nicht früher die Büchse schließen, als bis man darüber sicher ist. Bei dem Verschließen und besonders bei dem Trocknen muß man auch allen Druck auf die dünne Stelle der Büchse sorgfältig vermeiden, weil sonst unfehlbar Wasser aus dem Döschen herausgepreßt wird, welches doch vollständig gefüllt bleiben muß.

§. 10.

Bedient man sich hierbei eines reinen Regen- oder Flußwassers (am besten des destillirten Wassers) und verfährt sonst genau, so wird man die mit Wasser gefüllte Büchse immer gleich schwer auf der Waage finden. Weicht das Gewicht ab, so liegt es gewiß am Trocknen, an einem unvorsichtigen Drücken oder an einem unvollkommenen Verschließen. Die Temperatur bewirkt zwar auch einen kleinen Unterschied und die gefüllte Büchse wird etwas mehr wiegen, wenn das Wasser winterkalt ist und etwas weniger bei Augustwärme; doch macht das für diese Anwendung keinen bedeutenden Unterschied. Ueberdem macht man die Versuche wohl nicht leicht in den extremen Temperaturen. Hat man daher den Versuch mehrere Male bei mittlerer Temperatur wiederholt, so kann man das mehrmals gefundene Gewicht als bleibend annehmen, und fernerhin dieser ersten Arbeit überhoben sein.

§. 11.

Man wiegt demnächst die zu untersuchende Münze eben so genau, setzt das gefundene Gewicht unter das der mit Wasser gefüllten Büchse, rechnet zusammen und hat dann also das Gewicht der Büchse, des Wassers darin und der Münze zusammen genommen.

§. 12.

Wiederum unter Wasser wird jetzt die Büchse geöffnet, das zur Vermeidung der Luftbläschen vorher wohl benetzte Geldstück hineinlegt und das Döschen wieder ganz mit der Vorsicht wie vorher verschlossen. Besondere Vorsicht muß man jetzt beim Abtrocknen anwenden, wenn man sicher gehen will; daher ist es auch sogar besser, das Döschen nur leicht abzuwischen und der Luft das vollständige Trocknen zu überlassen.

§. 13.

Auf die Waage gelegt, wird das vereinigte Ganze nun weniger Gewicht geben, als vorher; denn begreiflich hat die Münze eine Quantität Wasser verdrängt. Die Waage kann also jetzt auch nur noch anzeigen: das vorige Gewicht nach Abzug der Quantität Wasser welche von der eingelegten Münze aus der Büchse verdrängt worden ist, um dessen Raum einzunehmen.

§. 14.

Zieht man das jetzt gefundene Gewicht von dem vorhergehabten Gesammtgewichte ab, so erhält man also natürlich in der Differenz genau das Gewicht des verdrängten Wassers von gleichem Umfange mit der Münze, und wenn man mit dieser Differenz in das Gewicht der Münze dividirt, so muß man nothwendig als Quotienten die Zahl erhalten, welche andeutet, um wie vielmal schwerer das Metall der Münze ist als eine Masse Wasser von ganz gleicher Größe; — das ist: die Eigenschwere der Münze.

§. 15.

Ein Beispiel mag dies noch mehr erläutern.

Die Büchse mit Wasser gefüllt mag wiegen	6459 Richttheile.
die Münze aber	1872 dergl.
so wiegen Büchsen, Wasser und Münze zusammen genommen	8331 Richttheile.
Nach dem Einlegen der Münze in die Büchse, wiegt das Ganze aber nur noch	8224 dergl.
folglich weniger . .	107 Richttheile.

Büchse und Münze sind gleich; die Differenz kann ihren Grund also einzig nur im verdrängten Wasser finden, und es wiegt folglich eine Masse Wasser von gleichen Dimensionen mit der Münze . 107 Richttheile.

Da nun die Münze wiegt . . . . . . 1872 Richttheile,

so findet sie sich $\frac{1872}{107}$ mal [1872 durch 107 dividirt], oder $17\frac{1}{2}$ mal schwerer, als die gleich große Masse Wasser.

§. 16.

Für den vorliegenden Zweck, die falsche Masse einer Münze zu entdecken, ohne sie im mindesten zu verletzen, ist diese Methode vollständig ausreichend. Sie empfiehlt sich dabei auch durch die große Einfachheit, die man vielleicht bei Beschreibung des Verfahrens nicht gleich einsieht, aber in der Ausübung bald kennen lernt. Sie ist daher auch besonders Sammlern von antiken und Mittelalter-Münzen zu empfehlen, da ihnen gerade der Fall nicht selten vorkömmt, daß eine Münze, deren Fabrikmerkmale sie über die Echtheit ungewiß läßt, keiner, irgend nur lädirenden und selbst nicht der Streichprobe, unterworfen werden darf. Diese Wägung schadet keiner Münze!

§. 17.

Will dagegen der Münzmann oder Numismatiker die hydrostatische Wägung — denn so wird sie genannt — zu mehr als solcher allgemeinen Erkennung anwenden; will er Gehalts-Unterschiede bei echten Münzen dadurch kennen lernen, oder sie zur Unterscheidung und nähern Bestimmung von Beischlägen gebrauchen; so reicht die Methode freilich nicht aus. Er muß dann die Gewichte auf wo möglich $\frac{1}{10}$ Richtpfennig genau bestimmen können, und nichts darf trügen oder nur ungewiß bleiben. Eine so scharfe Wägung ist aber nicht oder doch auf nicht gar lange von einer Waage zu verlangen, die eine Beschwerung von mehreren Lothen tragen muß. Der leiseste Druck beim Trocknen oder ein zurückgebliebenes Bläschen, oder selbst die veränderte Temperatur würde auch schon Abweichungen zur Folge haben, die — für solchen Zweck — zu bedeutend unrichtigen Resultaten führen müssen.

Möge für solche genaue Untersuchung nachstehendes Verfahren versucht werden. Verfasser hat es so gut gefunden und so genau, als Wasserwägung nur immer sein kann, und vielleicht wäre es auch wohl noch weiter zu bringen, wie weiter unten erwähnt werden soll.

§. 18.

Eine Waage, welche, bei so genauer Angabe als die Probirwaage, doch bis 2 Loth auf jeder Schaale trägt, ist allerdings für die Untersuchung der Silbermünzen, die oft so viel wiegen, unentbehrlich. Erweislich kann man sie bauen! Der Verfasser besitzt selbst eine solche, und wenn man daneben noch eine zweite, eben so feine Waage für kleinere leichtere Münzen hat, so kann sie, bei gehöriger Schonung, auch lange in gleicher Schärfe bleiben. Die Schälchen müssen dem Balken so nahe als möglich aufgehängt werden, um Raum zu gewinnen.

Am linken Schälchen Fig. IV. ist unten ein kleiner Haken a angebracht, doch muß das rechte Schälchen so viel Gewicht haben, das beide einstehen.

§. 19.

Die Schälchen ruhen zu lassen, untersetzt man sie mit den Ständern Fig. V., deren Teller b in die Höhe und abwärts zu schrauben sind, damit sie in jeder Stellung der Waage als Stützpunkte für die Schälchen dienen können. Der Teller des linken Ständers ist in der Mitte so weit ausgehölt, daß das Häkchen a bequemen Raum findet.

§. 20.

Auf der so vorgerichteten Waage wird das Goldstück höchst genau, so weit es die Schärfe der Waage zuläßt, selbst bis auf Zehntheil Richtpfennige gewogen, und das Gewicht angemerkt.

§. 21.

Man setzt dann das, mit destillirtem Wasser gefüllte geräumige Glas, Fig. VI. unter das linke Schälchen; welches Letztere man aber so hoch über dem Wasser erhält, daß die Attraktion nicht mehr zu fürchten ist. Deshalb schraubt man auch den Ständer unter der rechten Schaale um das Nöthige in die Höhe und beschweret das darauf im Gleichgewicht der Waage ruhende Schälchen mit einem hinlänglichen Gewichtsstücke, um die Waage in Ruhe erhalten zu können.

§. 22.

Klammern von Silber oder plattirtem Drathe, wie Fig. VII., biegt man sich selbst, oder jeder Nadler biegt sie in der brauchbaren Form und von verschiedener Größe. Sie dienen, um, über die Münze greifend, dieselbe festzuhalten, und thun dies auch ganz sicher durch den geraden Stift c, der sich auf der einen Seite, überragend, an die Münze anschmiegt, und auf der anderen durch die Oese d, welche die Stelle der Münze gegen den Stift c drückt, die man, als die Rechte ausprobirt, um die Münze fest und schwebend zu halten.

§. 23.

Die Klammer wird in eine Schlinge von einem Pferdehaare gehängt, welche auf der anderen Seite in das Häkchen der Waageschale a eingehängt wird; doch muß man zu der nämlichen Klammer immer dieselbe Schlinge nehmen und letztere beständig in Wasser liegen lassen, damit sie, vom Wasser durchdrungen, immer gleiches Gewicht behält, und nicht mehr Wasser anzieht.

§. 24.

Die Klammer wird in das Wasser gesenkt, und die Waage durch Auflegung von Gewichten auf die rechte Schaale einstehend gemacht. Die Klammer muß aber dann ziemlich im Mittelraume des Glases, immer gleich tief in das Wasser getaucht, schweben, und weder den Wänden noch dem Boden so nahe sein, daß bedeutende Anziehung eintreten und die Wägung stören kann. Das Glas muß deshalb auch nicht zu eng und zu niedrig, vielmehr so geräumig als möglich sein.

§. 25.

Wie viel Gewicht nöthig war, um die Waage einstehend zu machen, wird angemerkt. Wenn man aber zu jedem Häkchen eine bestimmte oder zu allen die nämliche durchgeweichte Schlinge nimmt, so muß auch für jedes Häkchen immer das nämliche Gewicht zur Ausgleichung erforderlich sein. Man kann daher die Arbeit der nächsten Untersuchungen sehr abkürzen, wenn man sich für jede Klammer ein Ausgleichungsgewichtsstück macht, und es also nur gegen zu legen hat, um sogleich und ohne Mühe das Gleichgewicht zu erhalten.

§. 26.

Schon bei diesem Abwägen und weiterhin kann der Fall eintreten, daß, bei zu rascher Abnahme des Gewichts von dem rechten Schälchen, das linke Schälchen in's Wasser taucht, und erst mühsam getrocknet werden muß, ehe die Arbeit fortgesetzt werden kann. Dies zu vermeiden, ist es nothwendig, die Anstalt e, f am Glase anzubringen. Es ist nichts anders, als eine, nach der Form des Glases gebildete, über den Rand greifende Klammer e. Sie muß außerhalb so viel Metall haben, daß der Stab f senkrecht durchgehen und mittelst der kleinen Schraube g festgehalten werden kann. Der Stab f hat oben eine Gabel, welche weit genug ist, um den Waagebalken bequem aufnehmen zu können, und wird so hoch gestellt, daß der Balken zwar frei spielen kann, aber durch die Gabel aufgehalten wird, wenn er sich bis zur Benezzung des Schälchens senken will.

§. 27.

Die zu untersuchende Münze wird nun in die Klammer gebracht, und mit Vermeidung aller Luftblasen in's Wasser gesenkt. Ihr vorher gefundenes Gewicht hat man auf die vom Ständer unterstützte rechte Waageschale zu dem Gewichtsstücke gelegt, welches diente, um die Waage mit der im Wasser schwebenden Klammer im Gleichgewichte zu halten. Die Waage wird rechts ausschlagen und die Münze weniger wiegen. Um das Gleichgewicht wieder herzustellen, wird man oben auf das linke Schälchen Gewicht auflegen müssen.

§. 28.

Es ist klar, daß das Mindergewicht, welches sich jetzt zeigt, ganz genau das Gewicht des Wassers ist, das durch die darin schwebende Münze verdrängt wird. Es ist folglich auch das Gewicht, welches auf das linke Schälchen gelegt werden muß, um die Waage wieder einstehend zu machen, der Ausdruck des Gewichts einer mit der Münze ganz gleich großen Menge Wassers. Dividirt man also mit diesem Gewichte in das vorgefundene absolute Gewicht der Münze, so muß der Quotient auch der Ausdruck des Verhältnisses der Gewichte zwischen Metall und Wasser bei gleicher Dimension sein.

Zum Beispiel:

Die im Wasser schwebende Klammer am Pferdehaare erforderte bei einstehender Waage ein Gegengewicht X, welches der Ausdruck des absoluten Gewichts dieser Körper ist, weniger das Mindergewicht, welches sie durch die Eintauchung in Wasser erhalten:

die Münze wog . . . . 1872 Richttheile,
die man auf die unterstützte rechte Schale legt.

In die Klammer gezwängt und in das Wasser getaucht, muß man 107 Richttheill auf die linke Schale legen, um die Waage einstehend zu machen; also ist, da die Wasserverdrängung der Klammer und des Haares schon vorher durch das Gewicht X abgerechnet ist, das Gewicht der 107 Richttheile, der Ausdruck für die Wassermasse, welche das Geldstück verdrängt hat, und $\frac{1872}{107} = 17\frac{1}{2}$ der Ausdruck der Eigenschwere dieses Goldstücks.

§. 29.

Es leuchtet ein, daß dieses Verfahren weit genauer und zuverläßiger sein muß, als das mit der Büchse, und es darf hinzugesetzt werden, daß es wirklich geeignet ist, *ziemlich* feine Unterschiede anzugeben, sobald man sich die Mühe der öfteren Wiederholung zu Erhaltung eines sicheren Resultats nicht verdrießen läßt. Doch ist es noch weit davon entfernt, ganz das zu leisten, was man eigentlich begehrt, und noch weiter davon, als voll ausreichendes Ersatzmittel der Probe in solchen Fällen brauchbar zu sein, wo die mit Zerstörung des Stücks verbundene Kapellen-Probirung nicht anwendbar ist. Man wird vielmehr bei den Versuchen selbst finden, wie manches Hinderniß, nicht bloß veränderte Temperatur — der man durch Stimmung des Wassers auf immer gleichen Wärmegrad doch einigermaßen abhelfen kann — sondern besonders Anziehung und Widerstand der sehr dichten Flüssigkeit entgegen stellen. Die Münze wird oft, obwohl sie auf hoher Kante schwebt, vom Wasser so fest auf einen Fleck gehalten, daß man die bedeutendsten Unterschiede findet, wenn man sich nicht der Vorsicht bedient, das Wasser mehrfach zu bewegen. Nur das, öfters und nach allem Bewegen, bei eintretender Ruhe wieverkehrende Gewicht kann man als das Richtigste annehmen.

§. 30.

Ob man es jemals dahin bringen wird, die hydrostatische Wägung auf irgend eine Art, vollständig zur Gehaltsausmittelung anwendbar zu machen; oder ob dies — ein Wunsch bleiben wird, mag dahin gestellt bleiben.

Viel näher würde man aber doch dem Zwecke kommen, wie dem Verfasser einige Versuche gezeigt haben, wenn man sich überhaupt nicht mehr des Wassers, sondern einer viel leichteren Flüssigkeit bediente.

§. 31.

Sehr viel genauere Resultate erhält man schon, wenn man sich des gehörig bestimmten Weingeistes bedient und ihn durch Zuguß von gewärmtem Weingeist in bestimmte Temperatur bringt. Man nimmt diese Temperatur ein- für allemal an, läßt sie durch ein gutes Termometer anzeigen, welches beständig in der Ausbiegung des Glases h schwebt, und bewirkt sie, durch Zuguß von warmem Weingeist, immer genau im Augenblicke der Wägung. Bedient man sich anstatt des Weingeistes eines ätherischen Oels oder brauchbaren Aethers, so werden die Resultate noch genauer; aber freilich die Arbeit auch noch schwieriger. Das Glas muß dann eine zweite Ausbiegung i zur Aufnahme eines Aerometers haben, und man muß jedesmal im Augenblick der Wägung die Dichtigkeit der Flüssigkeit stimmen, die, wie selbst der zu reine Weingeist, sich durch Verdunsten ändert.

Ob man, nach dem allgemeinen Gebrauche, gerade Wasser als die Einheit zur Bestimmung der Eigenschwere von Metallen annimmt oder Weingeist von bestimmter Stärke und Temperatur, dessen man sich überdem schon bei Salz u. s. w. bedienen muß, dürfte zuletzt wohl einerlei sein, und die Ueberrechnung wäre ja auch nicht unmöglich; um wie viel genauer aber und den Zweck näher führend die Wägung in leichterer Flüssigkeit sein würde, werden indeß doch immer noch erst genauere und fortgesetztere Versuche lehren müssen, als Verfasser bis jetzt anstellen konnte. Dem Anscheine nach dürften sie übrigens der Mühe wohl verlohnen.

§. 32.

Ein zweites Haupthinderniß findet sich, bei Anwendung dieses Mittels als Probe, auch in der sehr verschiedenen Dichtigkeit der Münzen, als Folge des verschiedenen Druckes, den sie beim Prägen erhalten haben. Darf man daher die Münze nicht vorher glühen, um ihr gleiche Dichtigkeit zu geben, und vom Glühspahn reinigen, so wird man doch niemals ein sicheres Resultat erhalten.

§. 33.

Bei Münzbeschreibungen sollte die Angabe der Eigenschwere, wenn auch in unvollkommener Art ausgemittelt, niemals fehlen. Es giebt kaum ein genaueres Kennzeichen echter Münzen für den, der noch nicht in Beobachtung und Vergleichung der Fabrik-Kennzeichen hinlängliche Uebung erworben hat, bestimmt auch zugleich ungefähr den Gehalt der Münze, und giebt somit das genauere Bild doch einigermaßen.

Von der Geschmeidigkeit und Biegsamkeit.

§. 1.

Die Geschmeidigkeit und Biegsamkeit ist das dritte der physischen Kennzeichen; darunter aber wird die Eigenschaft der Münzen verstanden, sich unter dem Hammer ausdehnen, und wenn sie dünn genug sind, auch mit den Fingern biegen zu lassen.

§. 2.

Um prägbar zu sein und den ausdehnenden Druck des Prägewerks aushalten zu können, ohne zu zerspringen oder zu zerbröckeln, müssen alle Münzen aus geschmeidigen dehnbaren Metallen bestehen. Wenn sie also spröde sind, d. i., unter dem Hammerschlag zerspringen, so sind sie, dafern sie Gold- oder Silbermünzen vorstellen sollen, allemal falsch und gegossen. Unter den Erzmünzen kommen antike vor, welche echt und doch gegossen sind, und diese dürften nicht immer den Hammerschlag aushalten, ohne zu reißen. Unter den modernen Münzen haben auch die aus Erz oder Glockengut gemachten französischen Revolutionsmünzen die Eigenschaft der Sprödigkeit, obwohl es geprägte Münzen sind. Wie man das angefangen hat, gehört nicht hierher, da dies Buch nur warnen, nicht machen lehren soll.

§. 3.

Der Versuch mit dem Hammer muß mit Vorsicht unternommen werden, weil er, mit dem gewöhnlichen Hammer gemacht, immer verderbend ist, und also auch gute Münzen unwiederherstellbar vernichten kann. Man muß daher die Münze auf einen oben ausgehölten Amboß von hartem Holze legen und nur mit einem balligen schweren Hammer von Holz darauf schlagen. Bleibt die Münze ganz und soll weiter aufbewahrt werden, so leidet das Gepräge nicht und sie kann, etwa verbogen, leicht und ohne Schaden mit dem nämlichen Geräthe wieder gerade gerichtet werden.

§. 4.

Eiuige dünne Münzen verdanken dieser Eigenschaft ihre Biegsamkeit, und diese kann dann allerdings mitunter als gutes Erkennungszeichen dienen. Bei älteren Dukaten überhaupt und besonders bei älteren holländischen ist man gewöhnt, große Biegsamkeit zu finden, weil sie nach dem Prägen noch einmal geglüht worden sind. Bei östreichischen, preußischen und anderen

Dukaten

Dukaten ist das dagegen nicht geschehen, weil man ihnen den Prägeglanz lassen wollte. Letztere baben also die Prägefederhärte und sind viel schwerer zu biegen. Findet man demnach einen schwer zu biegenden alten oder holländischen Dukaten, so kann das allerdings Verdacht erwecken, eben so wie ein zu biegsamer Kremnitzer Dukaten verdächtig wird, der noch vollen Glanz hat. Weiter aber führt das Merkmal für sich allein doch nicht.

Vom Klang.

§. 1.

Das vierte physische Merkmal ist sehr wesentlich und wird in doppelter Art erkannt, nämlich duch Aufwerfen auf einen harten Körper, z. B. eine Steinplatte oder durch Anschlagen mit einem Holz- oder Beinstäbchen an das auf dem Finger schwebende Stück.

§. 2.

Jede Metallmischung hat, besonders wenn sie geprägt, also dichter in Masse ist, einen eigenthümlichen Klang, und wird daran erkennbar. Das ist auch eine so gewöhnliche Erfahrung, daß man fast jeden, dem ein Geldstück verdächtig ist, es vergleichend mit einem echten Stücke der Art aufwerfen und den Klang beurtheilen sieht.

§. 3.

Man muß jedoch darauf nur bedingt bauen und theils das Stück zugleich betrachten, theils auch darauf hören, ob das Stück nicht einen gewissen klappernden Ton giebt. Hat das Geldstück einen Riß, so kann es nicht seinen gewöhnlichen Klang haben und doch echt sein; bemerkt man diesen nicht, und es klappert doch, so kann die unganze Stelle innerhalb sein, und es beweiset das Merkmal nichts, wenigstens nicht für sich allein, gegen die Echtheit der Münze.

§. 4.

Einigen Unterschied bewirkt auch überdem die verschiedene Dicke bei solchen Münzarten, die nicht immer gleich dick sind. — Uebrigens ist der Klang, den die Münze auf dem Finger schwebend und mit Holz oder Bein — nicht Metall — angeschlagen giebt, viel eigenthümlicher, und die Unterscheidung wird bei dieser Art der Untersuchung viel leichter.

Vom Verhalten bei dem Glühen.

§. 1.

Dies Merkmal gehört, streng genommen, zu der Abtheilung der chemischen Untersuchungs-Mittel; da man aber zur Untersuchung mehr nicht, als eines Kohlenbeckens bedarf und gar keiner Kunstübung, die Probe überhaupt auch zu wenig sicher für eine chemische Probe ist, so mag es hier mitstehen. Das Verfahren dabei besteht wirklich in mehr nicht, als: daß man die zu prüfende, und etwa zum Vergleich, eine echte Münze daneben zwischen rein glühende Kohlen legt und sie mäßig glühend werden läßt.

§. 2.

Die edlen Metalle in feinem Zustande verändern dabei ihre eigentliche Farbe nicht, und das feine Gold bleibt goldgelb, das feine Silber rein silberweiß, wenn selbst die Glühung auf den höchsten Grad getrieben wird.

Glüht man dagegen Kupfer, so wird dasselbe nach dem Erkalten einen gewissen Ton der schwarzen Farbe, eigentlich ein sehr dunkles Grau zeigen, und wenn die Glühung stark war, so werden Blättchen abspringen, die man Glühspahn oder Zunder nennt, und sich noch häufiger absondern, wenn man das glühende Stück im Wasser oder einer leichten Säure, z. B. Essig- oder Salpetersäuren-Wasser ablöscht.

§. 3.

Unternimmt man den nämlichen Versuch mit Legirungen des Goldes und Silbers, so wird man finden, daß jede Legirung einen eigenthümlichen Farbenton annimmt. Bei Gold- und Silberlegirungen mit reinem Kupfer wird die eigenthümliche Farbe des Mefalls immer dunkler, je geringer die Legirung wird, und in den ganz geringhaltigen Legirungen kupferschwarz. Bei der Legirung des Goldes mit Kupfer und Silber, die sehr mannigfaltig ist, ändern die Farben eben so mannigfaltig.

§. 4.

In weit auseinander liegenden Legirungsverhältnissen wird Jeder die Farbenunterschiede leicht bemerken können, der den Versuch macht, und z. B. leicht den Farbenunterschied erkennen, den ein Dukaten und eine Pistole, oder ein feiner Gulden, ein preußischer Thaler, ein 20 Xr. und eine kleine Silbermünze nach mäßigem Glühen zeigen. Feinere Unterschiede erfordern indeß ein sehr geübtes Auge und man kann sich leicht irren.

§. 5.

Wesentlich ist dies Merkmal nur im Allgemeinen zur Erkennung feiner Münzen. Wenn sie echt sind, so kann man sie glühen, ohne sie zu verderben; wenn sie dabei aber schwarz werden, so kann man sie als erwiesen unrichtig zurückgeben.

§. 6.

Eben deshalb ist auch diese Probe, wo sie angewendet werden darf, vom größten Nutzen bei antiken Münzen, die allemal fein sein sollen und auch immer wenigstens so hochhaltig sind, daß sie nicht durch Glühen an Farbe leiden. Sind sie mitunter einmal weniger fein und laufen im Feuer leicht an, so kann das bei echten Münzen doch immer nur unbedeutend sein; und ein Abbürsten mit warmem Essig stellt die Farbe bald wieder rein her.

§. 7.

Wesentlich wird das Merkmal auch bei anderen Münzen, wenn man eine echte uud eine ähnliche falsche Münze zugleich glüht, denn der Unterschied muß hernach unbedingt deutlich hervortreten. Ist aber die echte Münze bedeutend legirt, so wird sie doch auch schwarz, und ist also hernach schwer auszugeben.

Bei solchen Münzen kann sie also wohl nur für den Münzmann, behufs seiner Untersuchungen, von Nutzen sein; diesem aber auch von ganz besonderen, weil er, bei gehöriger Uebung, durch diese Probe oft schon allein die Natur der Metallmischung kennen lernt und seiner näheren Untersuchung also vorarbeitet.

§. 8.

Das bloße Glühen hat bei antiken Münzen und denen aus dem Mittelalter, auch ganz abgesehen von dem Uebrigen, einen so bedeutenden Nutzen, daß man es niemals versäumen und auch zugleich mit dem Ablöschen in leichte Säure verbinden sollte. Der echten Münze schadet es niemals, die falsche wird erkannt, und die Aufgearbeitete verliert den Firniß, der die Nachhülfe verbarg.

§. 9.

Eine Unterart dieser Glühprobe ist noch die, durch den Stich. Man sticht mit dem Grabstichel einen sogenannten Zwieselstich aus, wie man ihn aus den Silberarbeiten, behufs der Probe, ausgestochen findet, glüht ihn auf heller Kohle, läßt ihn auf eine Schiefertafel fallen und vergleicht nun die Farbe der inneren Seite mit der Farbe anderer solcher Stiche von bekannten Gehalten. Diese Probe ist nicht besser, noch schlechter, als die Glühprobe überhaupt.

Dritte Abtheilung.

Chemische Eigenschaften als Erkennungs- und Unterscheidungs-Merkmale.

§. 1.

Dieser vor Allen sicheren Erkennungsmittel giebt es, hierher gehörig, nur zwei, nämlich:

die Probe durch den Strich,

die Probe auf der Kapelle.

Sie erforden beide Uebung und Kenntniß. Wenn aber auch die zweite nur der Vollständigkeit wegen mit aufgeführt wird und von den Läyen nicht angewendet werden kann, so ist das doch mit der ersten nicht überall der Fall. Diese ist in gewisser Ausübung allgemein und leicht anwendbar, und von großem Nutzen für Jeden.

Von der Probe durch den Strich.

§. 1.

Die Probe durch den Strich (die Streich probe) wird gemacht, indem man die Kante einer zu prüfenden Münze, nachdem man sie durch Abschaben oder Feilen von dem feinen Sudüberzuge befreit hat, auf einen dunkelfarbigen Stein (Probirstein) so lange reibt, bis ein dichter Metallstrich von einer glänzenden Farbe auf dem Steine erscheint. War es eine Silbermünze, so beurtheilt man den Gehalt durch Vergleich mit anderen Strichen, die man durch Aufreiben von Silber, dessen Gehalt bekannt ist, daneben gemacht hat, nach der Farbe. Ist es der Strich einer Goldmünze, so entscheidet die Farbe nicht allein. Man wird dann auf den Strich und die Vergleichsstriche auch ein Auflösungsmittel träufeln müssen, welches Silber und Kupfer zwischen dem Golde herausbeizt und nur das reine Gold stehen läßt, dessen Gehalt nun wiederum durch Vergleichung geschätzt wird. Das feinere Gold läßt mehr, das geringere weniger vom Striche übrig.

§. 2.

Bedingungen bei diesem Verfahren, wenn es mit gehöriger Genauigkeit geschehen soll, sind:

1. die Wahl eines gehörigen und echten Probirsteins, und dessen zweckmäßige Gestalt,
2. richtige Probirnadeln für Gold und Silber;
3. ein gehörig gemischtes Scheidewasser zur Goldprobe.

§. 3.

Der **Probirstein** muß ein echter schwarzer Kieselschiefer sein und mit starkem Scheidewasser geprüft werden. Wird er davon irgend angegriffen, so taugt er nicht und ist ein Basalt, der auch dafür verkauft wird. Man muß ihn bequem in der Hand festhalten können; daher darf er nicht zu groß seyn und muß abgerundete Kanten haben. Die Ebenen müssen sehr fein geschliffen sein, aber nicht polirt, sondern sehr fein matt, damit der Metallstrich klar, dicht und glänzend darauf erscheint. Endlich muß er auch so hart sein, daß selbst geringes und also hartes Gold und Silber nicht einreißen und den Strich unreinlich und undeutlich machen können.

Man schleift, wenn er voll von Metallstrichen ist, das Metall mit weicher Kohle und Wasser ab, und reibt den getrockneten Stein dann mit einem halben Mandelkern über, um ihm dadurch seine Schwärze und auch einen sehr leichten Fettglanz und Ueberzug zu geben, auf welchem der Säuretropfen besser steht.

§. 4.

Probirnadeln sind Stäbchen von Gold und Silber, deren Gehalt gekannt unb darauf bemerkt ist. Man hat dergleichen für Gold mit Silber legirt oder die weiße Goldlegirung; für Gold mit Kupfer legirt oder die rothe Goldlegirung; für Gold mit halb Kupfer und halb Silber legirt, oder die gemischte Legirung und für Silber mit Kupferlegirung. Gewöhnlich bilden sie Sammlungen für jede Art, die, beim Golde von Karat zu Karat oder auch um halbe Karate; beim Silber aber um ganze oder halbe Lothe von ein=

ander abweichend, die Gehalte vom feinsten Metall bis zum Kupfer herab geben.

§. 5.

Die richtige Mischung des Scheidewassers ist besonders wichtig. Bedient man sich zum Benetzen der Goldstriche eines zu starken Scheidewassers, so wird dadurch der Strich eines geringen Goldes so zerstört, daß er unkenntlich wird. Nimmt man dagegen die Säure zu schwach, so wird sie auf Striche höheren Gehaltes gar nicht wirken. Ueberhaupt hat die Erfahrung gelehrt, daß das ganz reine Scheidewasser gar keine Wirkung auf die höheren Goldstriche äußert und daß bei bedeutender Feine selbst das Stärkste die gehörige Wirkung versagt. Man muß also der Säure eine bestimmte Stärke und eine kleine Beimischung von gemeiner Salzsäure geben. Die beste Vorschrift dazu ist, daß man 98 Theile ganz reines silberfreies Scheidewasser, von 1340 Eigenschwere gegen 1000 Theil Wasser, mit 2 Theilen reiner gemeiner Salzsäure von 1173 Eigenschwere mischt, dazu noch 25 Theile destillirten Wassers setzt und die Mischung in einem Fläschchen mit eingeriebenem Glasstöpsel wohl verwahrt, damit die Säure nicht verdunste und dabei auch nicht das Eisengeräth umher rostend mache.

§. 6.

Bei dem Streichen, besonders des Goldes, ist es nothwendig, dahin zu sehen, das Strich und Gegenstrich möglichst gleich werden Wenn man den einen Strich nur leise aufhauchte, den anderen aber scharf aufriebe, so würde beim Silber die Farbenähnlichkeit schwer bemerkbar werden, beim Golde aber die Säure ungleich viel feines Gold auf dem Steine zurücklassen, wenn selbst das Gold ganz gleichen Gehalts war.

§. 7

Als Erforschungsmittel des Gehalts ist die Strichprobe nur bedingt von Werth. Es gehört sehr viel Uebung dazu, Gehalte genau nach der Farbe des Silberstriches und nach dem, was vom Goldstriche nach der Behandlung mit Säure übrig bleibt, zu erkennen und zu bestimmen. Nur wenige Menschen haben die Fähigkeit und gehöriges Auge dazu, und selbst diese verstehen selten alle Gehalte genau zu bestimmen. Ihre sichere Beurtheilung beschränkt sich gewöhnlich nur auf gewisse Gehalte, die ihnen sehr oft vorkommen und die sie mitunter, wenn auch nicht so genau wie der Probirer bei seinem Verfahren es können muß, doch wirklich zum Bewundern nahe kommend, zu bestimmen verstehen. Gewöhnlich wird daher diese Probe von den Gold- und Silberhändlern auch nur beim Einkauf in Ermangelung genaueren Probe angewendet, um den Gehalt wenigstens einigermaßen kennen zu lernen und sich nicht zu schaden; doch bleibt das Letztere nicht immer aus.

§. 8.

Zur Erkennung falscher Münzen ist die Streichprobe dagegen von dem wesentlichsten Nutzen, und ganz besonders hinsichtlich der Goldmünzen. Falsche Goldmünzen erkennt man gewöhnlich schon dadurch, ohne daß man einmal nöthig hat, einen Vergleichsstrich zu machen. Sie sind mehrentheils von unedlem Metall gemacht, höchstens von Silber, und verrathen sich dann schon durch die Farbe des Striches, unfehlbar aber durch das Aufthun eines Säuretropfens. Man hebt ihn mit einem dünnen Hölschen aus der Flasche, tupft ihn auf den Strich, und dieser verschwindet bald, ohne Nachlaß einer Goldspur. Nur wenn die Münze von geringem Golde — ein Beischlag ist, so wird eine Goldspur bleiben und ein Gegenstrich mit einer echten Münze nöthig werden; der Unterschied der von der Säure zurückgelassenen Spur ist aber dann immer so bemerkbar, daß sich auch der Unkundige nicht irren kann.

§. 9.

Was dieser Streichprobe zur Erkennung falscher Goldmünzen auch noch den Hauptvorzug giebt, ist ihre leichte und bequeme Anwendbarkeit für alle Menschen, die derselben bedürfen.

Der Wechsler und wer sonst öfters Gold annimmt, kann leicht zu einem Probirsteine und einem Fläschchen Säure kommen, und hat dann, da er zugleich durch die echten Münzen mit der nöthigen Gegenprobe versehen ist, das leichteste und zugleich vollständigste Hülfsmittel, jedes verdächtige Goldstück zu prüfen und falsch oder Beischlag zu erkennen. Aber der Landmann selbst, der seine Erndte zu Markte bringt, oft Gold dafür in Zahlung erhält, und gerade der ist, welcher in seiner Unkunde am häufigsten mit falschem Golde betrogen wird, kann dieselbe auf der Stelle anwenden und sich sichern, wenn er nur einen Feuerstein und ein ganz kleines Fläschchen mit Säure bei solchen Gelegenheiten bei sich trägt.

§. 10.

Es bedarf nämlich zu dieser Untersuchung gar keines eigentlichen Probirsteins und ein jeder dunkelgefärbte glatte Kiesel, der nur — von einem Apotheker mit einem Tropfen Scheidewasser probirt — der Sänre widersteht, thut ausreichenden Dienst. Noch besser ist ein schwarzer echter, in Muscheln zerspringender Feuerstein, wie man dergleichen fast auf allen Feldern und zwischen den Vorrathssteinen auf Kunststraßen bald findet. Die Härte dieses Steines und seine Farbe entsprechen dem Zwecke sehr gut, und da er, wenn er echt ist, beim Zerschlagen jederzeit großmuschelig abspringt, so bietet er auch zugleich immer stellenweise eine glatte fein matte geschickte Ebene zum Aufreiben dar. Auch auf die genaue Mischung der Säure kömmt es hierbei nicht sehr an, und ein gewöhnliches gutes Scheidewasser mit Zusatz eines Tropfens Salzsäure, welches man, als Vorrath für Jahre, für den Betrag einer kleinen Silbermünze in jeder Apotheke haben kann, ist immer hinlänglich brauchbar.

§. 11.

Sehr zu empfehlen ist diese so einfache als sichere Maaßregel! Es ist gewiß, daß, wenn Leute, die Geldgeschäft haben und besonders Marktverkäufer diese leichte Probe anwendeten, sobald ihnen ein Goldstück irgend verdächtig scheint, der Betrug mit falschem Golde um sein Hauptschutzmittel gebracht ist. Ueberdem besieht auch gewiß Jeder vor dem Streichen das Goldstück, daß er nehmen soll, genauer; und so wird diese Probe zugleich ein Mittel zur genauern Beobachtung der Fabrikmerkmale bei der Masse. Einmal an ein genaueres Besehen gewöhnt, wird dann bald auch der geringe, jetzt so ganz der Sache unkundige Mann ein verdächtiges Stück zurückweisen, ohne einmal der Streichprobe weiter mehr als zum Beweise zu bedürfen.

§. 12.

Die Anwendung der Streichprobe zur Erkennung der echten Silbermünzen nach der Farbe des Striches muß wohl den Sachverständigen vorbehalten bleiben und ist Unkundigen nicht zu rathen.

Es giebt unter den unedlen Metallmischungen zu mancherlei, welche Aehnlichkeit mit Silberstrichen verschiedener Legirung haben. Das geübte Auge unterscheidet freilich den verwirrten Strich, der seiner Aehnlichkeit mit einem echten Strich ungeachtet doch erkennbar bleibt, und öfters auch bei solchen Silberlegirungen vorkömmt, die nicht bloß Silber und Kupfer, sondern noch andere Metalle in der Mischung haben. Von ungeübten Leuten kann man solche genaue Unterscheidung aber nicht erwarten.

§. 13.

Man kann auch diese Silberstrichprobe wie die Goldstrichprobe behandeln, und dann wird sie zur Erkennung solcher falschen Münzen, die kein Silber halten, nicht allein vollständig ausreichend, sondern eben so wie die Goldstrichprobe auch für Jedermann anwendbar sein. Es gehört dazu weiter gar nichts, als daß man sich, anstatt des Goldscheidewassers einer anderen Säure — der Königssäure — bedient, die aus zwei Theilen doppeltes Scheidewasser, ein Theil Salzsäure und ein Theil Wasser zusammengesetzt wird. Wenn der Strich, mit dieser Säure benetzt, gänzlich verschwindet, so ist die Münze ganz unwidersprechlich falsch und ohne allen Silbergehalt. Ist sie echt, so wird der Strich sich in einem bläulich weißen Kalkstrich verwandeln, der schwächer oder stärker gedeckt ist, je nachdem die Münze ärmer oder reicher an Silber ist.

§. 14.

Falsche Münzen halten mitunter auch etwas Silber. Deutet daher bei einer verdächtigen Münze das

Zurückbleiben eines weißen Striches nach Behandlung mit der Säure auf Silbergehalt, so muß man neben dem Striche der verdächtigen Münze mit der echten Münze einen eben so genau abgemessenen Strich machen. Hat man sich dabei bemüht, die Striche sogleich als möglich und am besten nur einfach und dicht neben einander streichend, auf den Stein zu bringen, so wird die aufgetragene Säure dann ganz gleich starke weiße Striche bei gleichem Silbergehalte, oder verschiedene starke Striche bei verschiedenem Silbergehalte zeigen und die Beurtheilung danach möglich sein.

§. 15.

Es ist leicht einzusehen, welche große Sicherheit aus der Anwendung dieses Verfahrens erwachsen muß. Dem Unkundigen giebt sie ein ganz sicheres beweisendes Merkmal, und selbst für den, der von Amtswegen falsche Münzen zu bestimmen hat, gewährt sie großen Nutzen. Sie erspart ihm das unnütze Probiren in den mehrsten Fällen, indem sie ihn in den Stand setzt, auch ohne Kapellenprobe, die Unwerthigkeit zu bescheinigen. Uebt man das Verfahren recht ein, so führt es auch weiter als bis zur bloßen Erkennung des Echten, Halbechten und Ganzunechten, und giebt recht oft die Bestätigung oder Wiederlegung dessen, was der bloße Strich nur vermuthen ließ.

Ob der Verfasser dieses Buches der Erste gewesen ist, der eine bekannte chemische Erfahrung auf diese

Art

Art zur Bestimmung der Münzen angewendet hat, läßt er dahin gestellt sein. Es kann leicht auch schon Anderen eingefallen sein: da es ziemlich nahe liegt.

Von der Probe auf der Kapelle.

§. 1.

Diese Probe ist, wie schon gesagt, nur für Wenige brauchbar. Sie bedingt viel Kenntniß, Geschicklichkeit, Uebung und Geräth. Es kann sie aber auch Jeder entbehren, dem es um mehr nicht zu thun ist, als um Ueberzeugung und Beweis: daß eine Münze falsch sei, und dazu genügen die gegebenen Merkmale vollständig. Mancher dürfte indeß doch die Beschreibung des Verfahrens erwarten, um wenigstens ungefähr zu wissen, wie Gold und Silber probirt wird; darum mag also eine ganz kurze Angabe desselben hier noch Platz finden. Der Sachkundige mag sie überschlagen, denn sie steht nicht für ihn da. Den Platz gönne er ihr aber, denn für ihn steht ja auch Manches da, was Andere missen könnten, die bloß wissen wollen, wie man falsche Münzen erkennt.

§. 2.

Die erste Bedingung zum Probiren ist eine vollkommen richtige und so feine Waage, daß bei einer Beschwerung von $\frac{1}{8}$ Loth noch der zwanzigtausendte Theil eines Lothes einen bemerkbaren Ausschlag giebt.

Die Gewichte sind nach dem verjüngten Maaßstabe sehr genau gefertigt. Das Gewichtstück von etwa $\frac{1}{16}$ Loth Schwere bedeutet eine Mark und hat verhältnißmäßige Unterabtheilungen bis zum 288. Theil oder Grän, zu welchem Letzteren dann wieder viertel und halbe Gräne gehören.

§. 3.

Demnächst gebraucht man Kapellen, d. i. kleine inwendig kuglich hohl gestalte Tiegelchen, die aus reiner ausgelaugter Holzasche oder aus gut gebrannter Beinasche durch zusammenpressen gebildet werden. Sie sind fest genug, um nicht während der Arbeit zu brechen, weun man vorsichtig damit verfährt, und auch vollständig feuerfest: da Holz, und Beinasche nicht weiter vom Feuer verändert werden, so lange man sie rein läßt. Dabei sind sie aber auch zugleich porös, daß sie flüssige Stoffe — hier namentlich fließende Schlacke — aufnehmen und einsaugen können.

§. 4.

Der Probir- oder Muffelofen ist das vierte Hauptgeräth. Die Muffel aus feuerbeständiger Erde oder gegossenem Eisen geformt, bildet ein, hinten verschlossenes, vorn offenes, halbrundes Gewölbe über eine ebene Bodenplatte. Sie ist so in einen Ofen geschoben, daß sie vorn an die Wand des Ofens festanschließt, übrigens aber von glühenden Kohlen rings umschüttet werden kann. Verschiedene Züge des Ofens erhalten die Kohlen in heller Gluth und machen die Muffel an gehöriger Stelle mit hell erglühen. Der Bäckerofen giebt ein ungefähres Bild eines solchen Ofens. Eben so wie der Backraum vom Feuer umspielt wird, so wird im kleinen Probirofen die Muffel davon umspielt und erhitzt, ohne daß doch das Feuer selbst in den inneren Raum dringt.

Das übrige Geräth, Zangen und dergleichen zu beschreiben, würde zu weitläuftig und hier auch überflüssig sein. Will Jemand sich näher darüber und über die Probirkunst belehren, so muß er eigends dazu bestimmte Bücher lesen, z. B. Cramer's oder Götting's Probirkunst u. a. m., oder einen Münz- oder Bergprobirer darum angehen.

§. 5.

Ist der Ofen im Gange, d. h. hat die Muffel innerhalb, an gehöriger Stelle, so viel Hitze, daß Blei in einer auf das Bodenblatt gesetzten Kapelle rasch zerschmilzt, so wird von dem Metalle, welches probirt werden soll, auf der feinen Waage zweimal eine halbe Mark Probirgewicht abgewogen. Jede halbe Mark wird in eine besondere Kapelle gethan, eine bestimmte Menge Blei zugesetzt und alles dem Schmelzen unter der Muffel ausgesetzt.

§. 6.

Wenn Glüh- und Schmelzhitze auf unedle Metalle einwirken, so werden diese zuerst auf der Oberfläche, nach und nach auch, und unter gehörigem Verfahren durch und durch in Metallkalk (Oxid) verwandelt. — Sie verbrennen. Wenn Blei dabei zugleich mitverbrennt, so folgt bei diesem unter fortdauernder Hitze sehr bald eine Schmelzung des Metallkalks zur sehr dünnflüssigen Schlacke. Diese dünnflüssige Bleischlacke hat wiederum die Eigenschaft, alle übrige Metallkalke in sich aufzunehmen und ebenfalls und leicht mit zu Schlacke zu verwandeln; darauf aber gründet sich der Prozeß des Abtreibens.

§. 7.

Unter gehöriger Regierung des Feuers verkalkt sich (oxidirt, verbrennt) das auf die Kapelle aufgesetzte Metall, in so weit es unedel ist, mit dem Bleie zugleich, und wird bei fortgesetzter Glut zur dünnflüssigen glasigen Schlacke. Die Schlacke, die sich bildet, wird immer gleich von der porösen Kapelle eingesogen; und es setzt sich das Verschlacken und die Wegschaffung der Schlacke (Glötte) so lange fort, bis alles unedle Metall zerstört und eingesogen ist. Es wird auf die Art das unedle Metall abgetrieben. Das edle Metall, welches nicht mitverschlackt werden kann, sondern auf der Kapelle steht, weil es durch die bloße Einwirkung des Feuers nicht verändert wird, kann auch nicht von der Kapelle eingesogen werden. Es bleibt also als klare helle Perle stehen (es blickt) und wird dann hart, weil die Hitze wohl groß genug war, die Mischung flüssig zu erhalten, die, des Bleies wegen, leichtflüssiger war, aber nicht das schwerflüssigere reine edle Metall.

§. 8.

Wenn man das Metall bloß auf Silber probiren will, so hat man jetzt nur noch die beiden Perlen (Körner) auf der Waage gegen einander aufzuziehen. Sie hatten vor dem Abtreiben mit Blei gleiches Gewicht und müssen es jetzt wieder haben, wenn anders die Arbeit gehörig ging und das Metall gleich war. Stimmen sie im Gewicht überein, so sucht man, mittelst des Probirgewichts, wie viel Lothe und Gräne, auch halbe Gräne u. s. w. sie zusammen wiegen, und weiß nun, wie viel fein Silber in der Mark des Metalls enthalten ist, vor dem die Probe genommen worden. Gut geschmolzenes Metall ist in allen seinen Theilen gleich gemischt; was also von dem kleinen Theile wahr gefunden wird, der eine Probirmark wiegt, das muß auch von der ganzen Masse wahr sein, von welcher er genommen ist.

§. 9.

Vermuthet man auch Gold in der Mischung, so müssen die Körner nach dem Wiegen in einem kleinen Glaskölbchen mit reinem Scheidewasser übergossen und so lange gekocht werden, bis alles Silber vom Scheidewasser aufgelöst ist. Das Gold wird nicht vom Scheidewasser angegriffen und bleibt also auf dem Boden des Kölbchens liegen. Man gießt darauf die Säure vom Golde ab, wäscht, trocknet und glüht dies gehörig, und findet dann mittelst der Wägung auch den Goldgehalt, den man vom gefundenen Totalgehalte an edlem Metall abzieht, nnd dadurch auch den Silbergehalt genau bestimmt.

Gab z. B. die eingewogenn Mark nach dem Abtreiben zwei gleiche Körner, welche zusammen wogen: 15 Loth, 14 Gräne.

Nach der Auflösung blieben an Gold zurück . . . . — 6 Gräne,

so hält das Metall außer dem Golde an feinem Silber . . . . 15 Loth, 8 Gräne

§. 10.

Findet sich der Goldbestandtheil vorwaltend, und ist die Probe also als Goldprobe zu betrachten, so ist die Säure unvermögend, aus den abgetriebenen Körnern, die viel Gold enthalten, alles Silber auszuscheiden, und wird vom vorwaltenden Golde in der Wirkung gehemmt werden. Man muß auf den Fall noch einige Theile fein Silber zusetzen, die Körner wieder abtreiben und so eine Verbindung schaffen, in welcher das Silber wenigstens zwei Theile beträgt. Dünn geschlagen und geglüht nimmt dann die Säure alles Silber heraus und das Gold bleibt rein zurück, um, gehörig abgewaschen und getrocknet, durch das Gewicht bestimmt werden zu können.

§. 11.

Um gar nichts hierher gehöriges auszulassen, mag auch noch die eigentliche Scheidung oder Analyse mit wenigen Worten Erwähnung finden.

Es ist die Kunst, sämmtliche Bestandtheile eines Körpers, hier einer Münze, aufzufinden und auch die Menge und Verhältnisse dieser Bestandtheile zu bestimmen. Sie kann also auch nur Werth für den haben, der Bestimmungen von Amtswegen zu machen hat, und selbst dieser kömmt nur selten und etwa bei gerichtlichen Untersuchungen in den Fall, daß er nöthig hat andere Bestandtheile als Gold- und Silbergehalt genau auszumitteln und anzugeben. Anderen ist sie, zur Erkennung falscher Münzen wenigstens, von gar keinem Nutzen; dabei aber eine so weitläuftige eigene Wissenschaft, daß es kaum möglich wird, wehr davon zu sagen, als was sie bezweckt. Mehr Aufschluß geben übrigens alle Bücher, welche metallurgische Chemie abhandeln.

Vierte Abtheilung.

Der praktische Theil.

§. 1.

In den drei vorhergehenden Abtheilungen ist die versprochene „Kunst falsche Münzen zu erkennen" gegeben, aber freilich nur der theoretische Theil. Mancher dürfte nun auch, und vielleicht nicht unbillig, einen praktischen Theil, eine Anwendung, eine Deutlichmachung des Gesagten durch Beispiel erwarten.

§. 2.

Es folgen darum hier noch einige Beschreibungen von Münzen. Kenner mögen beurtheilen, ob sie zweckmäßiger als die gewöhnlichen sind, und andere, ob, wenn man das Buch aufmerksam gelesen hat, die Beschreibungen falscher Münzen deutlich genug sind, um auch dem Unkundigen ein deutliches Bild der Abweichungen von dem echten Stücke zu geben, welches er bei der Durchlesung billig und nothwendig zur Hand haben muß.

§. 3.

Es würde unnütz weitläuftig sein, wenn man bei der Beschreibung dieselbe Folge der Merkmale beobachten wollte, wie sie, des Systems wegen, im theoretischen Theile gefunden wird. Zweckmäßiger nimmt man hierbei das zuerst, was zunächst auffällt und woran dem Beschauer zunächst gelegen ist. Auch nimmt man das Zusammengehörige zusammen.

§. 4.

Bei Beschreibung echter Münzen beginnt man also ganz natürlich mit Angabe des Gepräges, und läßt dann das näher bezeichnende in solcher Ordnung folgen, wie man es zu bemerken pflegt. Derselbe Grnndsatz gilt auch bei Beschreibung falscher Münzen; doch ändert sich die Ordnung öfters, weil hier das auffallendste, zunächst bemerkbare Kennzeichen nicht immer dasselbe ist.

§. 5.

Zur Probebeschreibung echter Münzen ist vorsätzlich eine öfters vorkommende Art gewählt, um dem Beurtheiler den Vergleich zu erleichtern. Man mag sich einbilden, es sei eine seltene Münze, die zum erstenmale und darum sorgfältig beschrieben wird.

§. 6.

Beschreibung eines Guldenstücks von Churfürst Friedrich III. von Brandenburg vom Jahre 1689.

(Vergl. Weiß Gulden-Kabinet, No. 639. 9.)

Die Hauptseite der Münze zeigt das linkssehende Bildniß des Churfürsten als Schulterstück. Schulter und Brust deckt das Obertheil eines reich verzierten römischen Waffenschmucks; das Haupt eine große Alonge-Perrücke, die bis auf beide Schultern herabfällt. Die obersten drei Locken dieser Perrücke streben aufwärts bis an den Rand und unterscheiden zunächst, wie denn auch der übrige Lockenbau, dies Gepräge von andern Aehnlichen.

Die Umschrift — römische Schrift — beginnt rechts unter der Schulter und heißt: FRIDER. III. D. G. M. B. — links fortgesetzt S. R. I. ARC. & EL. Die Abkürzungspunkte stehen mitten neben den Buchstaben.

Mit dem ganz nämlichen Stempel sind auch Gulden 1690 vorhanden, und ähnlich, aber kopirt, findet er sich auf einem Gepräge von 1691 (nicht bei Weiß).

Die Kehrseite zeigt einen spanischen Schild, (Schmeizels Wappenlehre, nach welcher überhaupt bestimmt wird) der zweimal gespalten ist. Der obere Theil ist dreimal, also in vier Felder getheilt, die beiden folgenden in drei Felder. Das Mittelfeld wird durch einen seitwärts ausgeholten deutschen Mittelschild gedeckt, in welchem das Chur-Scepter aufrecht abgebildet ist. Im ersten und zweiten Quartier der ersten Reihe stehen der Brandenburgische und Preußische Adler, im dritten das Magdeburgische Wappen, im vierten der Jülichsche Löwe. Das erste Quartier der zweiten Reihe zeigt die Clevischen Stäbe, das zweite den Bergischen Löwen. Ein Adler (Crossen oder Jägerndorf) nimmt das mittelste Quartier der dritten Reihe, die Greifen für Stettin und Pommern in den Quartiren rechts und links zur Seite habend.

Unten an den Schild schließt sich, halb in das Quartier eingreifend, ein elyptisches Schild an mit der Bezeichnung $\frac{2}{3}$. Rechts mitten neben dem Hauptschilde stehen die Buchstaben L. C. und links S. als Münzmeisterzeichen. Der Name ist noch zweifelhaft der Münzort aber Berlin; wie andere Münzen beweisen.

Die Umschrift fängt links neben der Krone an und heißt — römische Schrift —

MONETA NOVA,

jenseit des kleinen Schildes:

BRANDENB· 1689.

Die Gravirung beider Seiten ist mit einem starken Kornrande umgeben, der auf der Kopfseite noch einen glatten Strich innerhalb zur Seite hat. Der Rand auf der hohen Kante ist ohne Verzierung.

Der Durchmesser der Münze ist 36 Millimeter; die Dicke beträgt 17 Grad des angezogenen Dicken-Messers (§. 9—10, S. 104).

Die Farbe ist das Sudweiß des 12löthigen Silbers, und darauf deutet auch der Strich. Probirte Stücke ähnlicher Art haben 11 Loth und 17 Gräne Gehalt gegeben. Die Münze wiegt 4738 Richttheile und die Eigenschwere ist 10,040.

Ein besonderes Prägemerkmal ist die krummgebogene Fläche, welche die damalige Prägung auf dem Taschenwerke beweiset.

Alle übrigen Merkmale sind die einer 12löthigen Münze überhaupt.

§. 7.

Man wird diese Beschreibung weitläuftig finden! Bei Beschreibung eines einzelnen Stücks ist das aber nicht zu vermeiden, und immer besser als mangelhafte Beschreibung; als Beweis aber, wie viel kürzer man sich in Münzbüchern hernach fassen kann, folgt hier gleich die Beschreibung eines anderen ähnlichen Guldenstücks von dem nämlichen Jahre:

Hauptseite: das Bildniß vorgestellt wie vorher, aber von anderer Gravirung. Die Locken streben oben weniger in die Höhe und fallen unten auch nur auf die rechte, nicht auf die linke Schulter; der Brustharnisch reicht höher an den Hals; die steinverzierten Rieme sind abgeschnitten, u. a. m.

Die Umschrift ist dieselbe aber größere Schrift, und fängt, ununterbrochen bis zur linken Schulter fortlaufend, bei der rechten Schulter an.

Der Randstrich innerhalb des Kornrandes bildet hier eine feine Schnur.

Die Kehrseite zeigt ebenfalls das ganze Bild der Vorigen von anderer Gravirung und auch dasselbe Münzmeisterzeichen; aber die Krone ist auffallend größer, das Schildchen mit $\frac{2}{3}$ viel schmaler u. s. w.

Die Umschrift in größeren Schriftzeichen ist dieselbe und steht auch so; hinter NOVA ist aber kein Punkt.

Die übrigen Merkmale sind den angegebenen gleich.

§. 8.

Will man Varietäten angeben, so wird es kaum möglich sein, sie mit geringerem Aufwande von Beschreibung bemerkbar zu machen; für die Münzgeschichte ist aber die Kenntniß der Varietäten wichtig.

Es mag an dieser Probe einer Beschreibung echter Münzen genug sein; denn alles dahin Gehörige liegt außer dem Hauptzwecke dieses Buches. Es hat nur als Nebensache berührt werden müssen, da es in so naher Verbindung mit dem Hauptzwecke steht. Also zur Beschreibung falscher Münzen.

Die Münzen welche beschrieben werden sind wirklich vorgekommen und lagen bei der Beschreibung vor.

§. 9.

Ganz ausführliche Beschreibung eines falschen geprägten Dukatens; Nachahmung der echten Utrecht'schen Dukaten (mit Umschrift: Concordia. Res. Par. Cres. Trajectum) von 1815.

Die vorwaltende Farbe ist bemerkber lichter goldgelb.

Die abgeriebenen Stellen gelblichweiß.

Der Strich von entblößter Kante ist gelblichweiß und läßt mit Scheidewasser Goldspur; mit Königssäure (§. 13, S. 191) aber auch eine Silberspur zurück.

Die Eigenschwere beträgt	13,714
fein Silber gab gleichzeitig	106
also weniger . . .	3,114
Dukatengold fand sich zu	19,265
also mehr	5,551

Die Mischung ist also Silber und Gold von geringerem als Dukatengehalt.

Dieser Goldgehalt ist auch die Ursache, weshalb, bei wenig auffallender Mehrdicke und Größe, das Stück nur 20 Richttheile (19 auf das holländ. As) zu wenig wiegt.

Der Glanz ist überall gleich; wogegen echte Stücke dieses Jahrganges Glanz auf der Fläche bei matter Gravirung haben.

Der Dukaten hat das vollständige Präge-Ansehen.

Die Gravirung hat im Ganzen einen fremden Styl und ist abweichend im Einzelnen. Namentlich ist auf der Hauptseite der behelmte Kopf des Geharnischten zu schmal und auffallend schlecht ausgeführt; auch das Pfeilbündel abweichend gestaltet.

Die Schrift beider Seiten ist richtig gestellt, aber etwas zu groß und dabei zu mager. In der Jahreszahl ist besonders die 8 bemerkbar zu groß.

Der schräggekerbte Rand ist dem echten ähnlich, aber ungleich gekerbt.

Der Klang ist abweichend und nicht hell.

Die Biegsamkeit ist geringer als bei den echten, obwohl ungeglühten, Stücken dieses Jahrganges.

Der Gehalt wurde bei der Probirung zu 15 Karat gefunden, und beträgt also

der Werth des Stücks nach angegebenem Gewichte u. s. w. (Dieser Werth bestimmt sich nach dem örtlichen Gold- und Silberpreise).

§. 10.

Ganz ausführliche Beschreibung eines geprägten falschen französischen 20 Franks-Stückes vom Jahre 1814.

Die vorwaltende Farbe ist nur wenig lichter goldgelb als die der echten Stücke.

Abgeriebene Stellen sind bei dem vorliegenden Stücke nicht zu bemerken, aber eine künstlich entblößte Stelle zeigt die Röthe eines geringen Goldes von rother Legirung.

Der Strich ist dem eines 3löthigen Silbers nahe kommend und viel röther als der der echten Stücke. Mit Säure behandelt, läßt er Goldspur zurück und deutet also auf gering Gold.

Die Eigenschwere fand sich zu . . .	9160
ähnlicher Tomback nur zu	8863
also weniger	297

was ebenfalls auf einen Goldgehalt deutet, der aber weit von dem richtigen entfernt ist, als welcher zu 17,485 Eigenschwere gefunden wurde.

Das Präge-Ansehen und der Prägeglanz sind vollständig da und geben der Münze ein sauberes Ansehen.

Die Größe übersteigt die richtige um 1 Millimeter.

Die

Die Dicke ist aber dabei doch auch sichtbar und um einen starken Grad bedeutender, obwohl das Gewicht um 465 Richttheile zu gering ist.

Die Gravirung ist im Ganzen zu seicht und dem Ansehen nach vorsätzlich undeutlich gehalten. Das Brustbild Ludwig XVIII. im modernen Kleide hat auch nur flüchtige Aehnlichkeit mit dem auf den echten Stücken, und ist zu groß und zu wenig bestimmt in den Gesichtszügen. So ist auch die Krone über dem Schilde der Kehrseite zu voll nnd, wie die Lorbeerzweige, undeutlich.

Der Kornrand auf der Hauptseite ist ganz weggelassen und der Name Tiollier auf der Fläche unter dem Brustbilde fehlt ebenfalls. Auf der Kehrseite zieht sich, im Irrthume der Graveurs, ein feiner Perlrand anstatt des Kornrandes um die Schrift.

Die Schrift ist sehr seicht und nicht gut gestaltet, besonders fällt das c in france auf und das X in XVIII.

Der Rand auf der hohen Kante ist nicht glatt geprägt wie bei den echten Stücken, vielmehr das Metall neben den eingedrückten Buchstaben aufgequollen, wodurch, nächst der minder vollkommenen Rundung des Stücks, erwiesen wird, daß die Münze nicht im Ringe geprägt ist.

Anstatt der echten Legende domine Salvum fac Regem stehen hier auch verrwirrt gestellte Buchstaben, nämlich:

·MMINODMEOEIIFACMUALAS

in schlechter Schrift.

Der Klang ist durchaus nicht hell, und ganz vom echten Klange verschieden.

Der Gehalt konnte nicht untersucht werden.

Zu bemerken ist, daß aus der nämlichen Fabrik von derselben Farbe und mit den ganz nämlichen Fabrikmerkmalen noch andere falsche 20 Franks mit des Königs Brustbild im bloßen Halse und der Jahreszahl 1815 vorgekommen sind.

Unter dem Brustbilde steht

MICHAVT F

in sehr kleiner Schrift und ein Pferdekopf darunter.

Sie sind weniger dick und auf dem Rande steht

DOMIMEO· SALVUM OFAO MEGEM.

Die Masse ist stark vergoldetes Messing und hält also auch nicht Strich, als wo etwa zufällig etwas Vergoldung auf gerieben wird. Sie wiegen verschieden aber sämmtlich zu leicht.

Die Eigenschwere ist 7,623.

§. 11.

Ganz ausführliche Beschreibung eines falschen gegossenen holländischen Dukaten mit der Jahreszahl 1771.

Die vorwaltende Farbe ist so lichtgelb, wie sie niemals bei echten Dukaten vorkömmt, dabei sind auch die abgeriebenen Stellen hellgelblichweiß.

Der Strich ist ebenfalls gelbweiß und wird von der Säure mit Zurücklassung von Silberspur verzehrt.

Die Eigenschwere beträgt noch nur 9,532, welches beides beweiset, daß die Masse eine helle Legirung des Silbers ohne Goldgehalt ist und nicht goldisch Silber.

Der Glanz ist kein Prägeglanz, sondern nach dem Vergolden durch Abreiben gegeben, daher auch überall gleich.

Das Präge-Ansehen fehlt überhaupt, wogegen das stumpfe Ansehen der Umrisse sehr deutlich bemerkbar ist, welches dem Gusse eigen zu sein pflegt. Bei der näheren Untersuchung der Ebene und Gravirung entdeckt man auch deutlich Schwindstellen, Gußbläschen, und die gewöhnliche Unebenheit gegossener Münzen überhaupt. Endlich sind auch die kleinen Räume zwischen der Schrift an vielen Stellen gußmatt.

Das Stück ist also unwidersprechlich gegossen, obwohl nicht auf ein echtes Stück geformt, sondern über ein eigenes Modell; denn die Gestalt, die Stellung, der Kopf und die ganze Gravirung weichen wesentlich vom Vorbilde ab.

Die Schrift ist auch außer dem stumpfen Gußansehen noch anders und schlecht gestaltet, namentlich auf der Hauptseite N, E, S, R. Auch fehlen die Punkte hinter Par. und cres.

Der Rand auf der hohen Kante ist ungleich und eingefeilt.

Das Stück ist zu dick.

Die Biegsamkeit ist sehr gering und es wiegt um 23 Richttheile zu wenig.

§. 12.

Ganz ausführliche Beschreibung eines falschen preußischen Thalergepräges mit der Jahreszahl 1818 und dem Münzzeichen D (jetzt Düsseldorf.)

Die vorwaltende Farbe ist die reinsilberweiße, welche auf Silberplattirung hindeutet. Diese ist auch so stark, daß die abgelaufenen Stellen nur erst auf den höchsten Punkten die braune Farbe des angelaufenen Tombaks zeigen und dadurch die Masse als solches verrathen.

Der Strich an entblößter Kante bestätigt dies und auch

Die Eigenschwere von 8874; da hingegen ein echter Thaler gab 10,044.

Das Stück hat eine vollständige, den gewöhnlichen Münzstempelglanz noch überwiegende schöne Politur der Ebenen, neben matter Gravirung, und überhaupt ein höchst sauberes, schönes Prägeansehen, welches dem der echten Stücke nichts nachgiebt.

Die Größe ist kaum merkbar bedeutender.

Die zu bedeutende Dicke schon bemerkbarer.

Das Gewicht aber — bei verschiedenen Stücken verschieden — von 5516 bis 5378; wogegen ein echter Thaler 6230 — 40 Richttheile wiegt.

Die Gravirung gehört bei diesen Stücken zu den Haupt-Unterscheidungs-Merkmalen. Das Bildniß in Uniform, verglichen mit dem auf dem echten Thaler des nämlichen Prägeorts, ist sehr abweichend; doch dabei nicht unsauber geschnitten. Der Kopf ist zu breit. Die Gesichtszüge, namentlich die hier gebogen und stark gehaltene Nase und der Mund sind ganz anders gebildet; das Ohr steht zu weit zurück und der zierliche Lockenwurf, namentlich auf dem Scheitel ist durch vorwärts sträubendes Haar gegeben. Auch streckt der Kopf zu weit vor und die Brust tritt dadurch zu weit zurück u. a. m.

Auf der Kehrseite steht besonders der rechte Adler-Schenkel zu gerade; der Faltenwurf der Fahnen ist ganz schlecht geordnet, und das Gewand zwischen der Pauke und dem Kanonenrohr ein bloßes unverständliches Gewirre. Genauer Vergleich des Gefieders u. a. m. giebt überall noch dergleichen Merkmale mehr.

Die Schrift ist an sich selbst nicht schlecht und auch von ziemlich richtiger Größe auf der Hauptseite; doch sind die Buchstaben etwas abweichend gestaltet und am bemerkbarsten das K. Die Kehrseitenschrift ein wenig zu niedrig und zu breit.

Ein wesentliches Merkmal ist der, in Folge des angewendeten Verfahrens zur Randbildung zu breite stark aufgetriebene Rand, dem auch das Korn mit der eigentlichen Kante fehlt und der der ganzen Münze ein fremdes Ansehen giebt.

Eben so bedeutend ist der Rand auf der hohen Kante; er hat eine viel grauere Farbe, weil er nicht mitplatttirt ist, und dabei, an der Stelle des Prägeglanzes und der straffen Glätte, ein feines Matt und die Spur zweier neben einander laufenden Kanten-Ebenen, als Folge der Art der Randgebung.

Die Buchstaben des Wahlspruchs sind auch zu klein und die Zwischenverzierungen unrichtig gebildet.

Der Klang ist etwas dumpfer als bei den echten Thalern der Art, und der Unterschied besonders durch Anschlagen an das auf dem Finger schwebende Stück zu bemerken.

Da die Versilberung nicht in Anschlag kömmt, so hat das Stück keinen Silberwerth.

§. 13.

Ganz genaue Beschreibung eines falschen gegossenen preußischen Thalers vom Jahre 1779. Münzzeichen A.

Die vorwaltende Farbe dieses Thalers ist die rauchgraue und künstlich gegeben, um ihm das Ansehen eines alten zufällig schwarz gewordenen Thalers zu verschaffen.

Die abgeriebenen Stellen sind speisgelb von lichter, röthlichgrauweißer Abänderung, wie das Metall der weißen Glockenspeise und der Glocke selbst.

Der Strich ist verwirrt und in der Höhe des Röthlichweißen etwa zwischen 6 und 7 löthig, aber ohne denselben Farbenton zu geben, und ohne ein eigentlicher Silberstrich zu sein. Die Säure (§. 13, S. 191) nimmt ihn ganz weg; also ist kein Silber in der Mischung.

Das Stück hat die rechte Größe, ist aber zu dünn und wiegt um 700 Richttheile zu wenig.

Die Eigenschwere ist nur 8877.

Es giebt im Aufwerfen, und auf dem Finger isolirt, im Anschlagen einen sehr hellen Klang, ist spröde, springt unter dem Hammer, zeigt auf dem Bruche die lichtröthlichgrauweiße Farbe und den Bruch des Glockenguts. Die Münze besteht also aus einer Glockengut ähnlichen Mischung ohne Silbergehalt, und ist ohne Werth.

Die Gravirung selbst und die Schrift können keine andere besondere Merkmale geben, da die Münze auf einen echten Thaler geformt ist. Dagegen ist

Das Gußansehen, obwohl der Guß sehr gut gelungen und scharf ist, ganz deutlich an der feinkörnigen Oberfläche zu erkennen, die überall bemerkbar ist.

Der Rand fällt durch die dunkle Farbe auf und ist noch mit dem Grabstichel und der Feile nachgeholfen.

§. 14.

Genaue Beschreibung eines gegossenen falschen preußischen Thalers von 1785.

Die vorwaltende Farbe ist das Gräulichzinnweiß.

Die abgeriebenen Stellen haben dieselbe Farbe, so wie auch

Der Strich, der durch die Säure (§. 13, S. 191) gänzlich weggenommen wird.

Das Gewicht ist um 1800 Richttheile (19 auf das holländische As) zu gering.

Die Eigenschwere ist nur 7323.

Dabei ist die Münze ohne Klang, biegsam, fühlt sich fettig an, läßt beim Bereiben einen Zinngeruch an den Fingern nach und giebt auf der Zunge einen starken Zinngeschmack. Sie besteht also aus einem Zinngemische nnd ist ohne allen Werth.

Auf einem echten Thaler geformt, sind Gravirung und Schrift nicht unterschieden; aber alle Umrisse auffallend stumpf. Dies wird noch dadurch auffallender, daß die äußeren Umrisse von dem Stahle verdrückt sind, mit welchem man der Fläche eine Gnibbelpolitur gegeben hat. An mehreren Stellen zeigen sich auffallende Schwindstellen und Gußbläschen und zwischen der Schrift ist die vollständige Gußspur erkennbar.

Der Rand auf der hohen Kante wird durch die blaugraue Farbe kenntlich und besonders durch die ungeschickte Art, mit welcher man den Tulipanenrand zu ersetzen versucht hat.

§. 15.

Um von Allem, was vorkömmt und vorkommen kann, Beispiele zu geben, würde man ein eigenes dickes Buch schreiben müssen, doch wird es an den obigen genügen. So genaue Beschreibungen und Bestimmungen sind übrigens nur bei amtlichen Angaben erforderlich, wo es, z. B. bei Untersuchungen gegen Falschmünzer, auf sehr genaue Bestimmung aller Beweismittel zur Begründung des Thatbestandes ankömmt. Selbst da kann man sich sehr oft kürzer fassen und braucht nur das anzugeben, was hinlänglich beweiset.

§. 16.

Soll dagegen die Beschreibung zur öffentlichen Warnungsanzeige gebraucht werden, so ist die Angabe aller Merkmale gewöhnlich überflüssig. Es kömmt nur darauf an, die charakteristischen unter denselben anzugeben, an welchen die falsche Münze allemal erkannt und als solche erweisbar wird. Weglassungen von dem, was charakteristisch ist, sind indeß, bloß um kurz zu sein, doch nichts weniger als recht und zweckmäßig. Viel lieber ein Paar Worte mehr, als überhaupt zwecklose Worte.

Behufs der öffentlichen Bekanntmachung würden die obigen Beschreibungen etwa zu fassen sein.

§. 17.

Anstatt der Beschreibung §. 9.

Der Dukaten ist viel zu blaßgelb und auf den abgeriebenen Stellen gelblichweiß. Auch der Strich ist gelbweiß und wird vom Scheidewasser nicht ganz verzehrt, weil die Masse goldhaltiges Silber ist. Das Prägeansehen ist sauber, aber die Gravirung weicht ab. Namentlich sind der Kopf und das Pfeilbündel des Geharnischten anders gestaltet als auf den echten gleichzeitigen Dukaten, und die Schrift ist zu groß und zu dünn; auch der Rand ist bloß schlecht gekerbt. Der Klang ist schlecht, die Biegsamkeit gering und am Gewicht fehlen 20 Richttheile (19 auf ein holländisches As). Die Eigenschwere beträgt 13,714.

§. 18.

Anstatt der Beschreibung §. 10.

Bei dieser besonders leicht täuschenden falschen Münze ist die vorwaltende Farbe etwas zu lichtgelb, die abgeriebenen Stelleu goldroth; der Strich stark röthlich und läßt mit Säure eine geringe Goldspur.

Das Prägeansehen ist sehr gut, aber die Gravirung zu seicht und undeutlich gehalten. Das Brustbild im modernen Kleide hat wenig Aehnlichkeit mit dem echten und ist zu groß. Auf der Kehrseite ist die Krone zu voll, die Lorbeerzweige sind sehr undeutlich und der Name Tiollier unter dem Brustbilde fehlt ganz. Anstatt des Kornrandes sieht man auf der Kehrseite einen Perlrand.

Die Schrift ist abweichend, besonders das c in france und X in XVIII.

Der Rand auf der hohen Kante sieht ganz anders aus und hat als Motto anstatt der echten Domine Salvum fac Regem unverständliche Worte.

Die Münze ist zu groß, zu dick, um 465 Richtpfennige (24½ holl. As reichlich) zu leicht und hat keinen Klang. Die Eigenschwere beträgt 9060.

§. 19.

Anstatt der Beschreibung §. 11.

Die vorwaltende Farbe ist ein ganz lichtes fast blasses Gelb; die abgeriebenen Stellen und der Strich sind sehr blaßgelb bis zum Silberweiß; der mit gehöriger Vorsicht bewirkte Strich wird von der Säure verzehrt. Die Münze besteht aus Silber und Kupfer.

Das Gepräge hat ein stumpfes und rauhes Ansehen bei auffallend fremdem Glanze, und man entdeckt auch Schwindstellen und Gußbläschen auf den Flächen, weil die Münze gegossen ist. Aber auch die Gravirung weicht ab und der geharnischte Mann ist auffallend anders gestaltet.

Die schlechte Schrift zeichnet sich besonders aus in den Buchstaben N, E, S, und R.

Die Münze ist zu dick, aber doch um 23 Richttheile (17 auf ein As) zu leicht, und hat weder den gewöhnlichen Klang noch die gewöhnliche Biegsamkeit.

Die Eigenschwere beträgt 9,532.

§. 20.

Anstatt der Beschreibung §. 12.

Die vorwaltende Farbe ist feinsilberweiß und heller als echte Thaler; die abgeriebenen Stellen sind zu roth und auch wohl braun angelaufen. Der Strich ist viel röther als Thalersilber und die salzsaure Salpetersäure, läßt keine weiße Spur zurück.

Die Stücke sind sehr schön geprägt und von schönem Ansehen, aber der Rand ist zu sehr aufgetrieben, und die Gravirung gleicht der der echten Stücke wenig. Besonders fehlt die Gesichtsähnlichkeit, bemerkbar an Nase und Mund am mehrsten. Auch steht der zu breite Kopf gegen die Brust zu weit vor, und das Haar ist anders gelockt. Auf der Kehrseite bemerkt man die Abweichung besonders am rechten Schenkel des Adlers und dem Gewande zwischen der Pauke und dem Kanonenrohre.

Der Rand auf der hohen Kante ist grau und nicht so glänzend glatt als auf den echten Thalern; auch die Schriftzeichen sind anders. Der Klang ist dumpfer; die Dicke etwas bedeutender, das Gewicht aber um 700 bis 900 Richtpfennige (19 auf ein holl. As) zu gering.

Die Eigenschwere ist 8874.

§. 21.

Anstatt der Beschreibung §. 13.

Die vorwaltende Farbe ist rauchgrau und schmuzzig; die abgeriebenen Stellen sind licht röthlich grauweiß; der Strich ist licht röthlich weiß, aber verwirrt und ohne sich genau mit einem echten Silberstrich irgend eines Gehaltes zu vergleichen.

Die Gravirung ist die echte, weil der Thaler davon abgegossen ist; ein feinkörniges Ansehen auf Ebene und Gravirung und zwischen der Schrift verräth aber den Guß.

Der Rand ist schlecht nachgemacht

Die Münze ist zu dünn, um 700 Richttheile (19 auf ein holl. As) zu leicht; zn hellklingend und so spröde, daß sie bei diesem Aufschlagen zerspringt.

Die Eigenschwere beträgt 8877.

§. 22.

Anstatt der Beschreibung §. 14.

Die vorwaltende Farbe ist Graulichzinnfarben wie Zinngeschirr, und so sind auch die abgelaufenen Stellen und der Strich, der von salzsaurer Salpetersäure weggebeizt wird.

Sie ist nach einem echten Stück gegossen, aber die Gravirung nnd Schrift stumpf vom Gusse und vom Polirstahl noch mehr verdrückt, mit welchem der Fläche ein Gnibbelglanz gegeben ist.

Die Münze ist fettig anzufühlen, läßt an den Fingern einen Zinngeruch und auf der Zunge einen Zinngeschmack zurück und ist um 1800 Richttheile (19 auf ein holl. As) zu leicht.

Die Eigenschwere beträgt 7323.

Wenn dies Buch sich hinlänglich verbreitete, so würde die Verständlichkeit der Angaben bei noch geringerem Wortaufwande durch Hinweisung auf den §. des Buches sehr gewinnen, und man dürfte dann wirklich kurz sein.

Hiermit wird das Buch geschlossen. Möge es Beifall finden und Nutzen stiften.

Berlin, gedruckt bei A. W. Hayn.

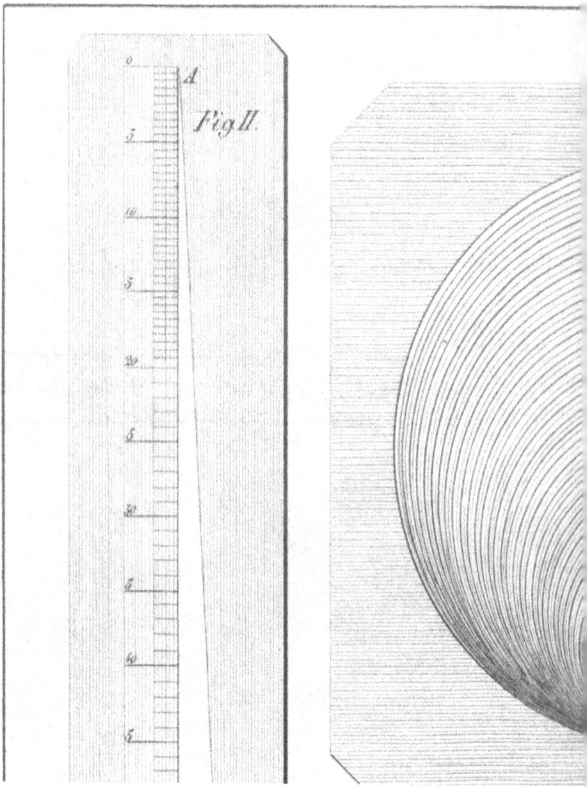

Fig. II.

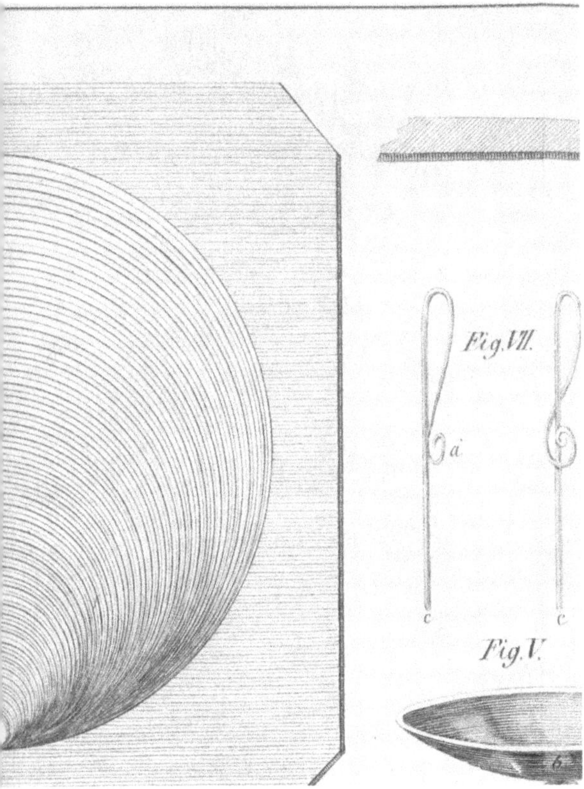
Fig.VII.
a
c
c
Fig.V.

Fig. IV.
d
f

a
i
h

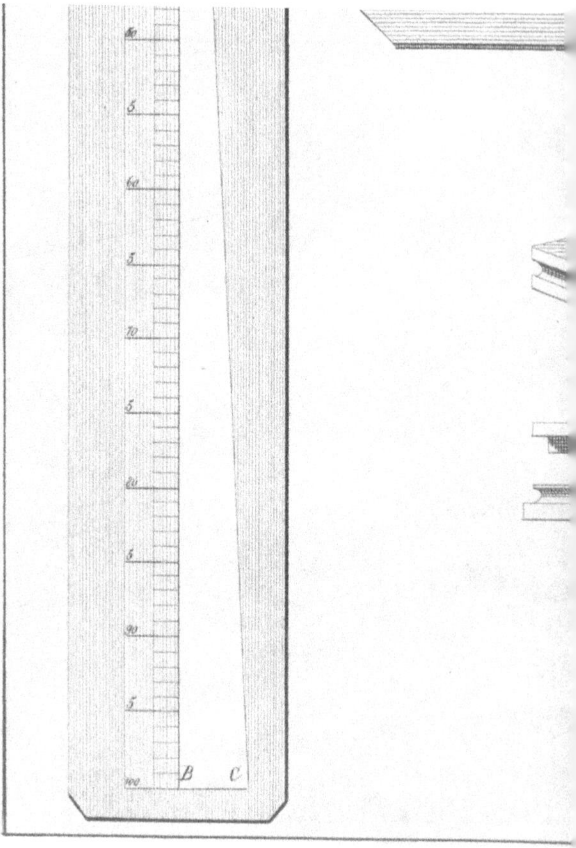
50
5
60
5
70
5
80
5
90
5
100
B
C

III.

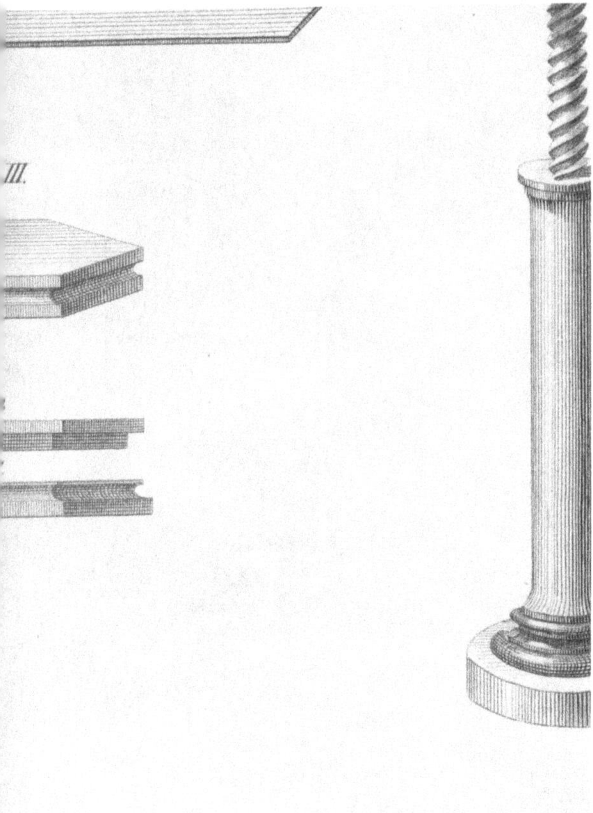

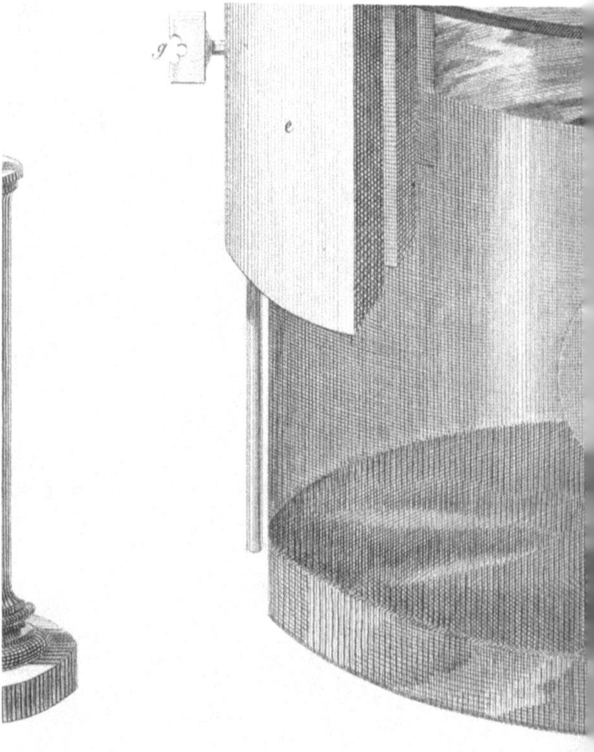
g
e

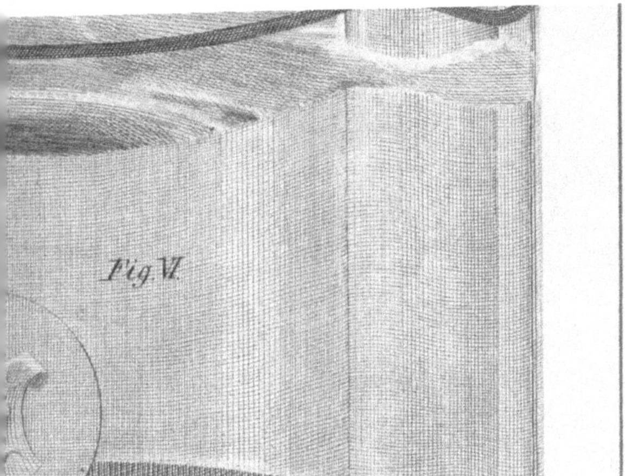

Wischnaski sc. Berol.

Kolibri 360 GmbH
Ferdinand-Jühlke-Straße 7
99095 Erfurt, Deutschland
produktsicherheit@kolibri360.de